Contents

Composer's note

Mass in Blue came into being as the result of a commission from David Temple and Hertfordshire Chorus in 2003. Musically, it represents a conscious collision of two musical genres which have been a central part of my artistic life for many years: sacred choral music and jazz. It was somewhat daunting to set the Latin mass, so familiar to me from having sung the great settings by Byrd, Haydn, and others, and it took me a while to find my way into the piece and work out what I wanted to say: in the end, plainsong and the 12-bar blues showed me the way forward. I also incorporated several features of Gospel singing: improvisatory solos, choral textures that veer between unison and much richer harmonies, and call-and-response patterns. Since its first performance in 2003 I have been thrilled and gratified to see it take flight and be performed all over the UK and, increasingly, further afield. Its dissemination has certainly been aided by the economic option of the version for jazz trio which was pioneered in Cambridge by my colleague Ralph Woodward and the Fairhaven Singers. I have experienced the piece in a wide variety of guises and venues, sung by choirs of many different types, and I must admit that it still excites me every time—I hope you enjoy it too.

Rhythm section players should feel free to use the chord symbols and to add and improvise texture around the parts.

Duration: *c.*37 minutes

Also available:
Mass in Blue Jazz Trio Set (piano, bass, drum kit, and optional alto sax) (ISBN 978-0-19-340481-6)
Mass in Blue Backing CD (ISBN 978-0-19-340214-0)

A separate, compatible big-band version is also available on hire/rental from Tyalgum Press (contact: info@tyalgumpress.com).

Commissioned by David Temple and Hertfordshire Chorus, 2003

Mass in Blue

1. *Kyrie*

WILL TODD

Printed in Great Britain

OXFORD UNIVERSITY PRESS, MUSIC DEPARTMENT, GREAT CLARENDON STREET, OXFORD OX2 6DP

Double tempo (swing ♪s) 𝅗𝅥 = c.152
gliss.
Half speed ♩ = c.76 (straight ♪s, 12/8 feel)
Freely
Ped.
Ped.
mf
ff
D♭13
C7♭9
F7
B♭13
E♭13
B♭13
F7
B♭7
F/G
C7
D♭9
G♭9
C♭Δ
Fm7♭5/C

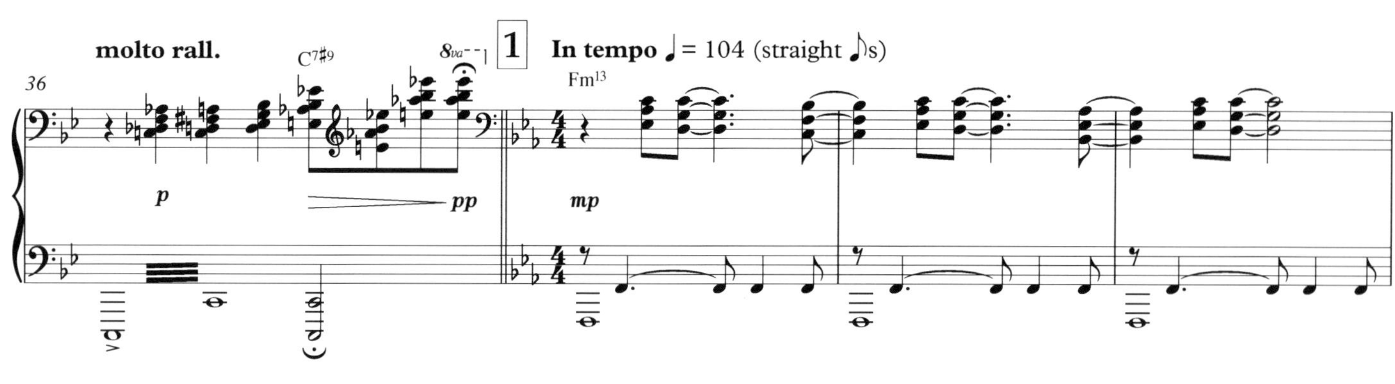

molto rall.
1
In tempo ♩ = 104 (straight ♪s)
36
C7♯9
Fm13
p
pp
mp

40
Gm11
Cm7♭13
Fm13
Gm11
C♭/D♭
B♭/C
mf

45
2
S./A.
S./A. unis. mf
Ky - ri - e e -
Fm13
mp

50
-le - - - - i - - son, Ky -
Gm11
Cm7♭13
Fm13
mf

S./A.
T./B.
-ri - e,
T./B. unis.
Ky - ri - e
Gm11
Cb/Db
Bb/C
Fm13
3
Ky-ri-e
e - le - i - son,
e - le - i -
Gm11
Cm7b13
-son,
Ky - ri - e,
Ky - ri - e,
Fm13
Gm11
Cb/Db
Bb/C

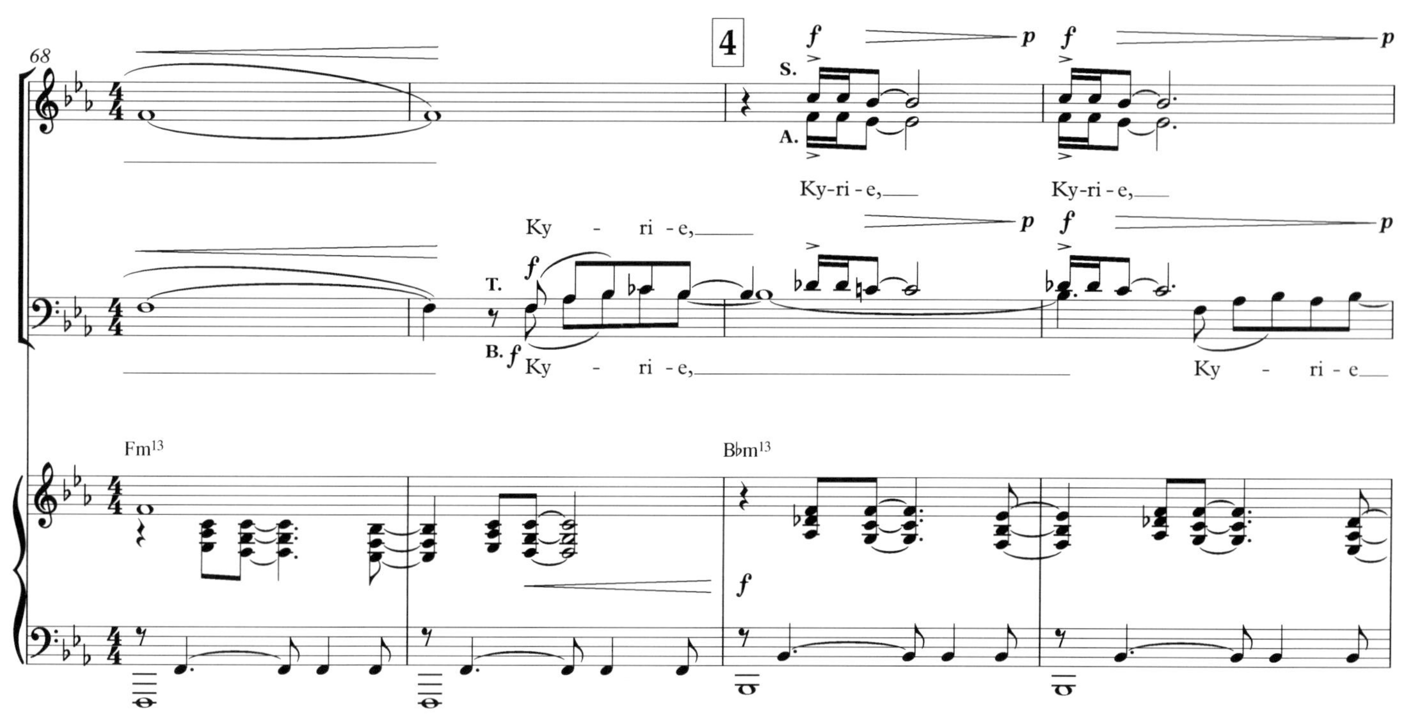
68
4
S.
A.
Kyrie,
T.
B.
Ky - ri - e,
Ky - ri - e,
Fm13
Bbm13

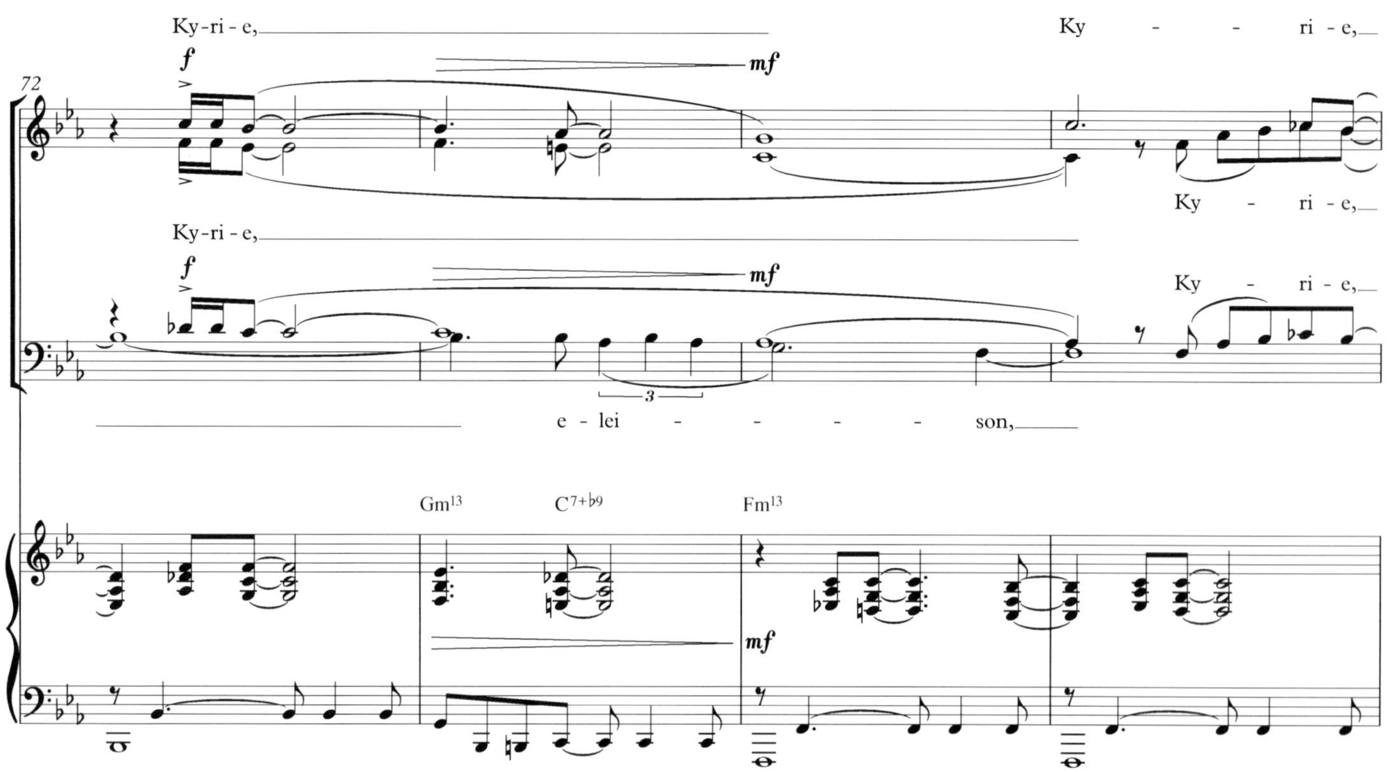
72
Ky-ri-e,
Ky - ri - e,
e-lei - - - - son,
Gm13
C7+b9
Fm13

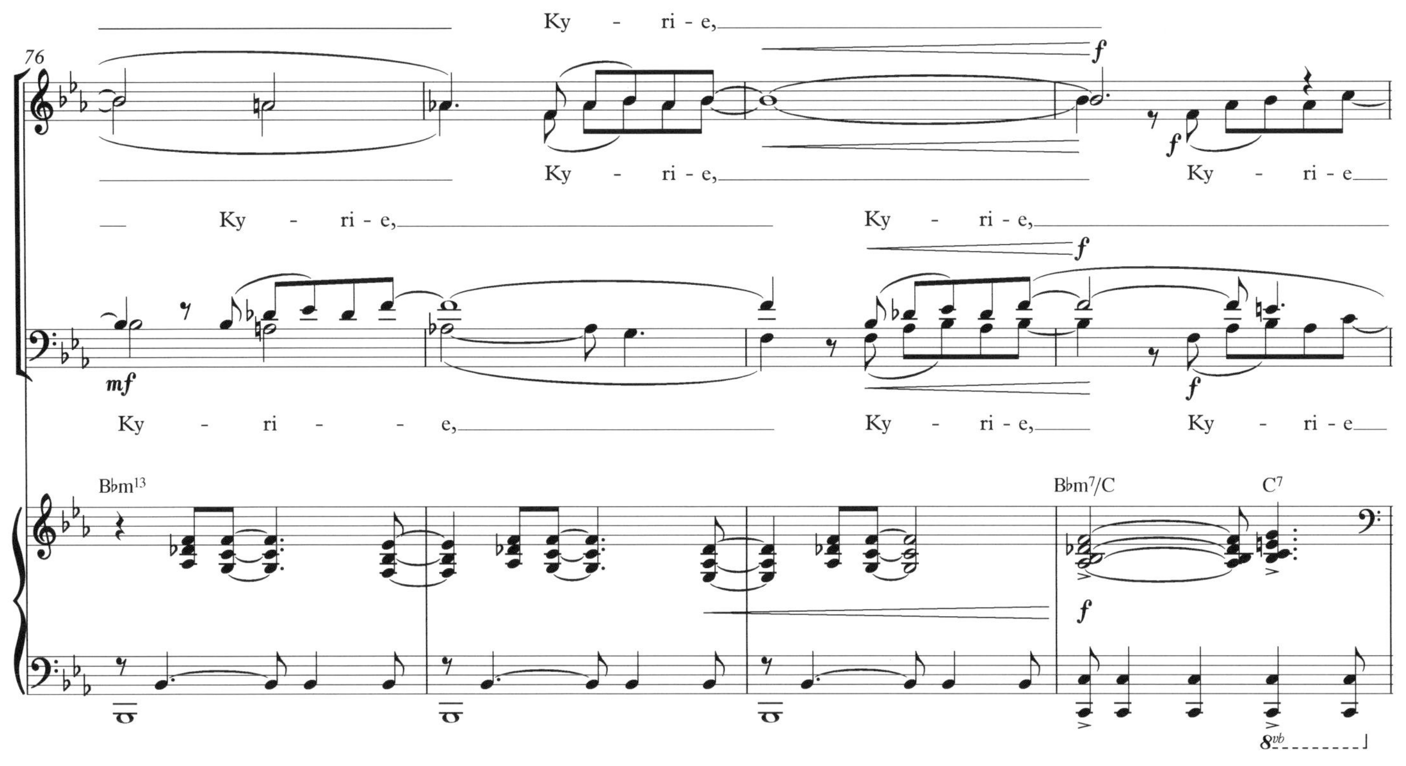
Ky - ri - e,
f
Ky - ri - e,
Ky - ri - e
Ky - ri - e,
Ky - ri - e,
f
mf
f
Ky - ri - e,
Ky - ri - e,
Ky - ri - e
B♭m13
B♭m7/C
C7
f
8vb

Ky-ri - e
e - le - i - son,
5
molto f
e - le - - - - - i -
Fm13
Gm11
Cm7♭13

84
-son,
e - le - - - -
Fm13
Gm11
D♭9
G♭7

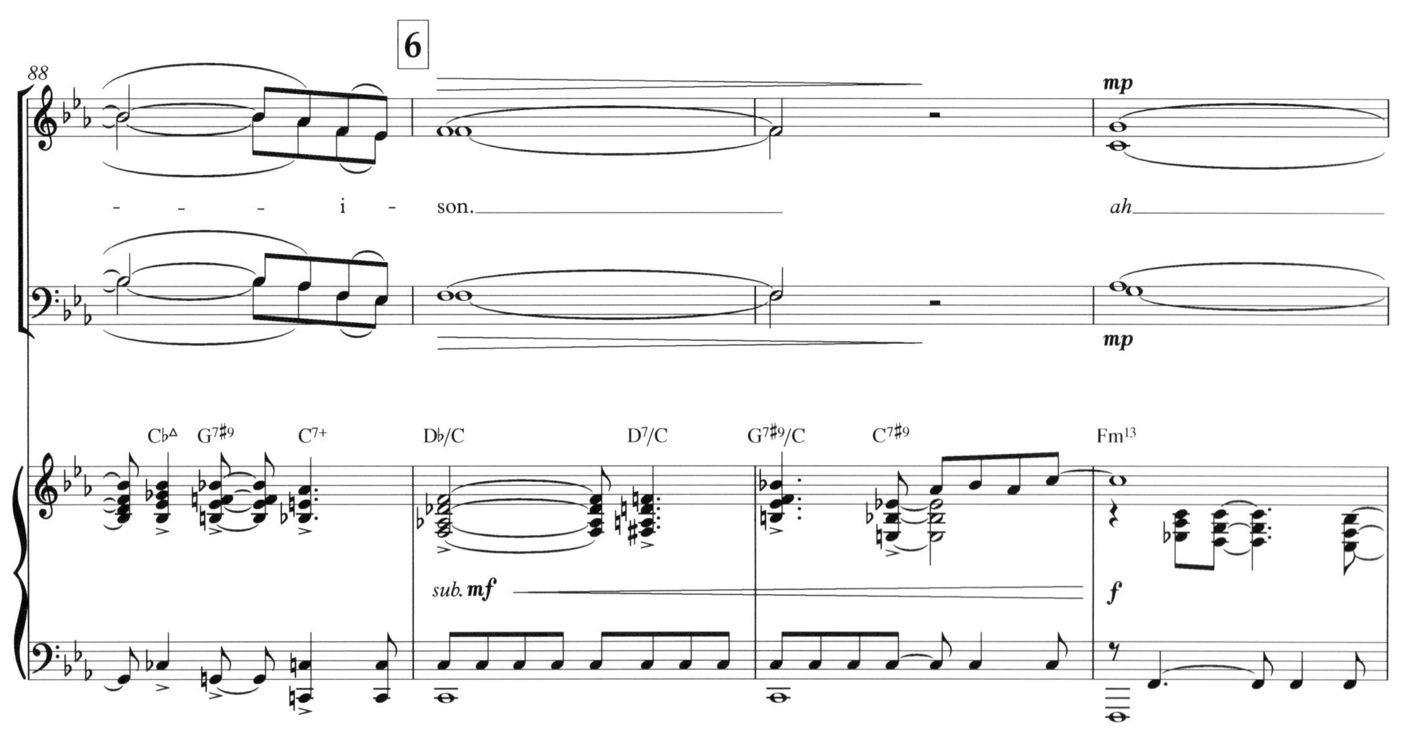
88
6
mp
- - - i - son.
ah
mp
C♭△
G7♯9
C7+
D♭/C
D7/C
G7♯9/C
C7♯9
Fm13
sub. mf
f

92
ah
ah
Gm11
Cm7♭13
Fm13
96
7
Gm11
C♭/D♭
B♭/C
Fm13
F7sus
101
8
ff
Chris - te e - le - i - son, Chris -
ff
Chris - te e - le - i - son, Chris -
B♭m13
ff
Gm13
C7+

-te, Chris - - - - - - - te,
105
mf
-te e - le - i - son, Chris - te
-te e - le - i - son, e - le - i - son,
mf
-te, Chris - - - - - - - te,
Fm13
Bbm13
mf

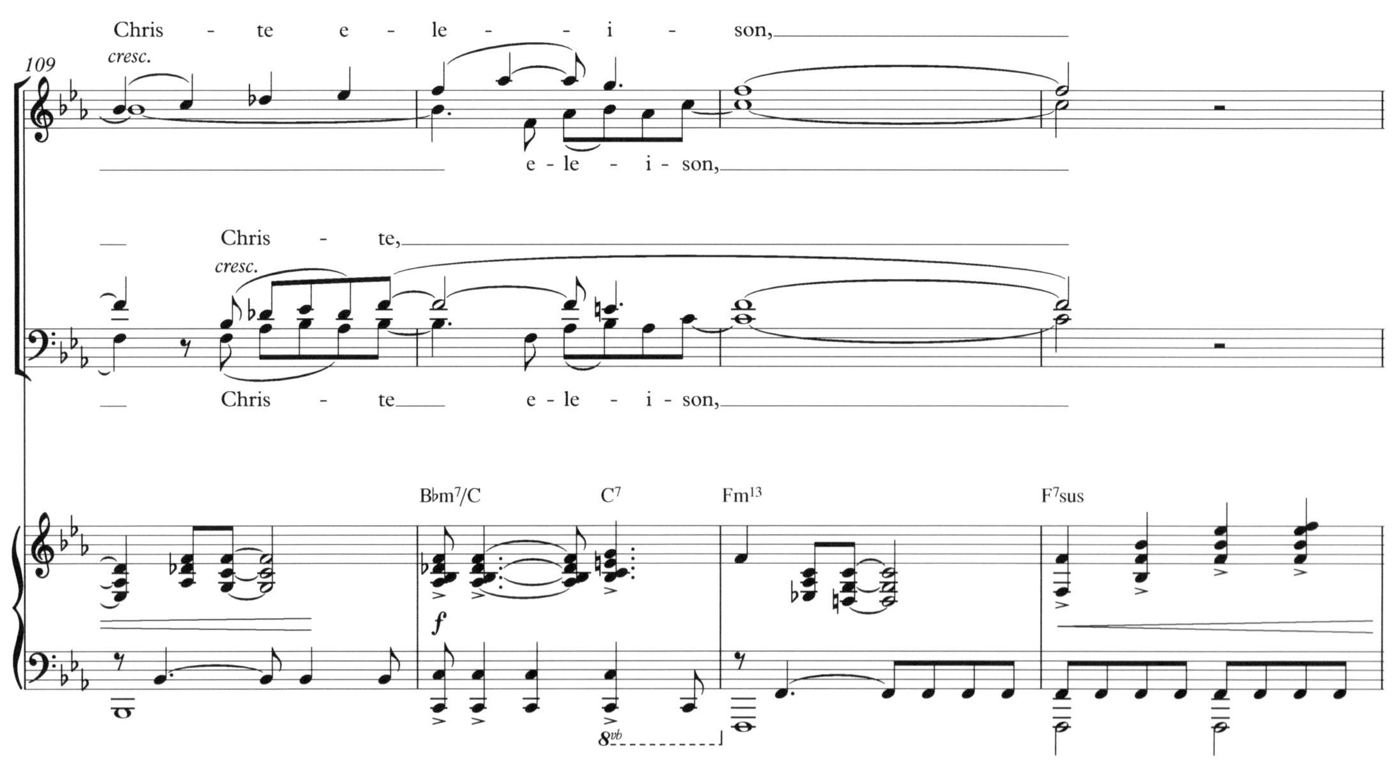
Chris - te e - le - - i - son,
109
cresc.
e - le - i - son,
Chris - te,
cresc.
Chris - te e - le - i - son,
Bbm7/C
C7
Fm13
F7sus
f
8vb

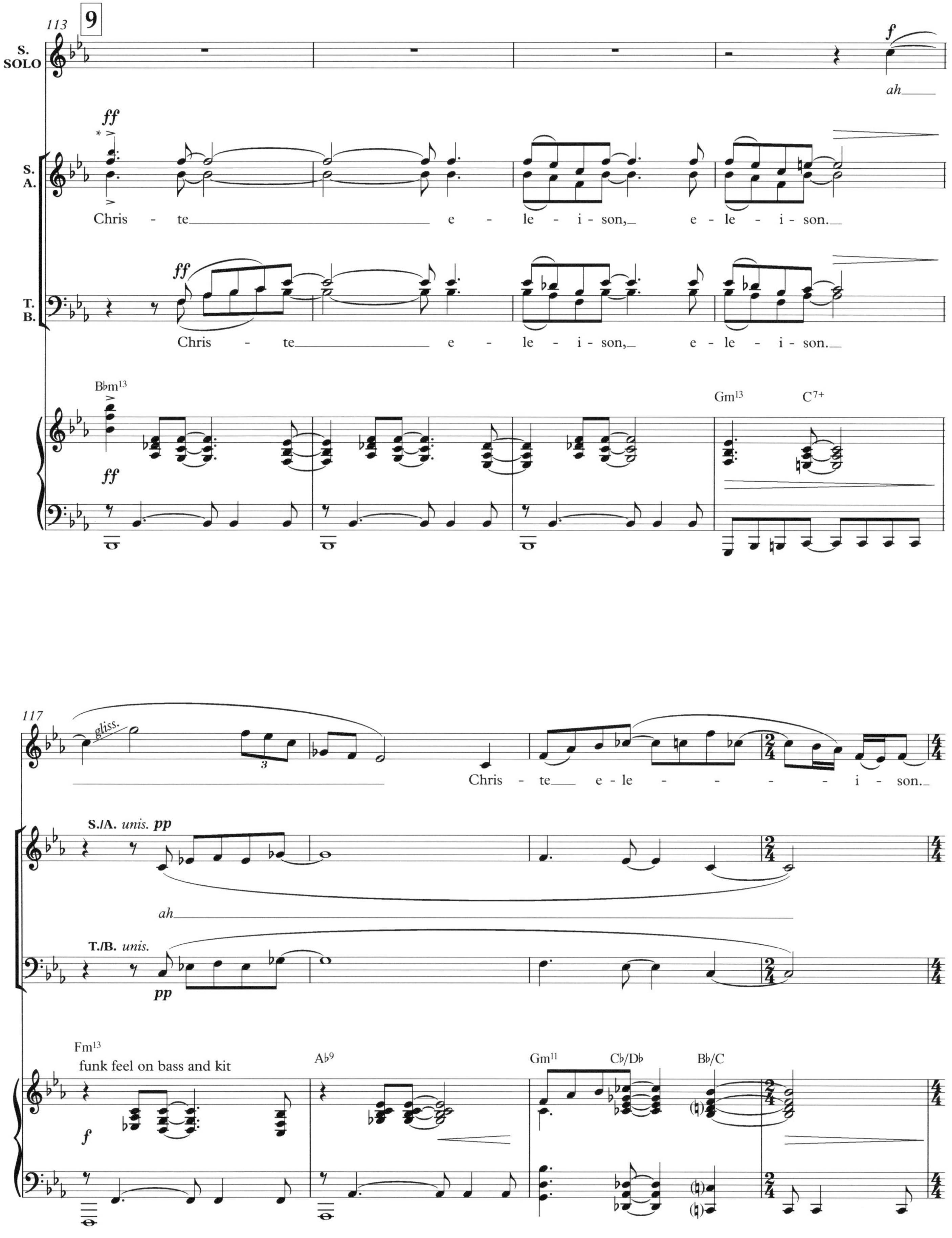
113
9
S. SOLO
f
ah
ff
S. A.
Chris - te e - le - i - son, e - le - i - son.
ff
T. B.
Chris - te e - le - i - son, e - le - i - son.
B♭m13
ff
Gm13
C7+
117
gliss.
3
Chris - te e - le - - - - i - son.
S./A. unis. pp
ah
T./B. unis.
pp
Fm13
funk feel on bass and kit
f
A♭9
Gm11
C♭/D♭
B♭/C

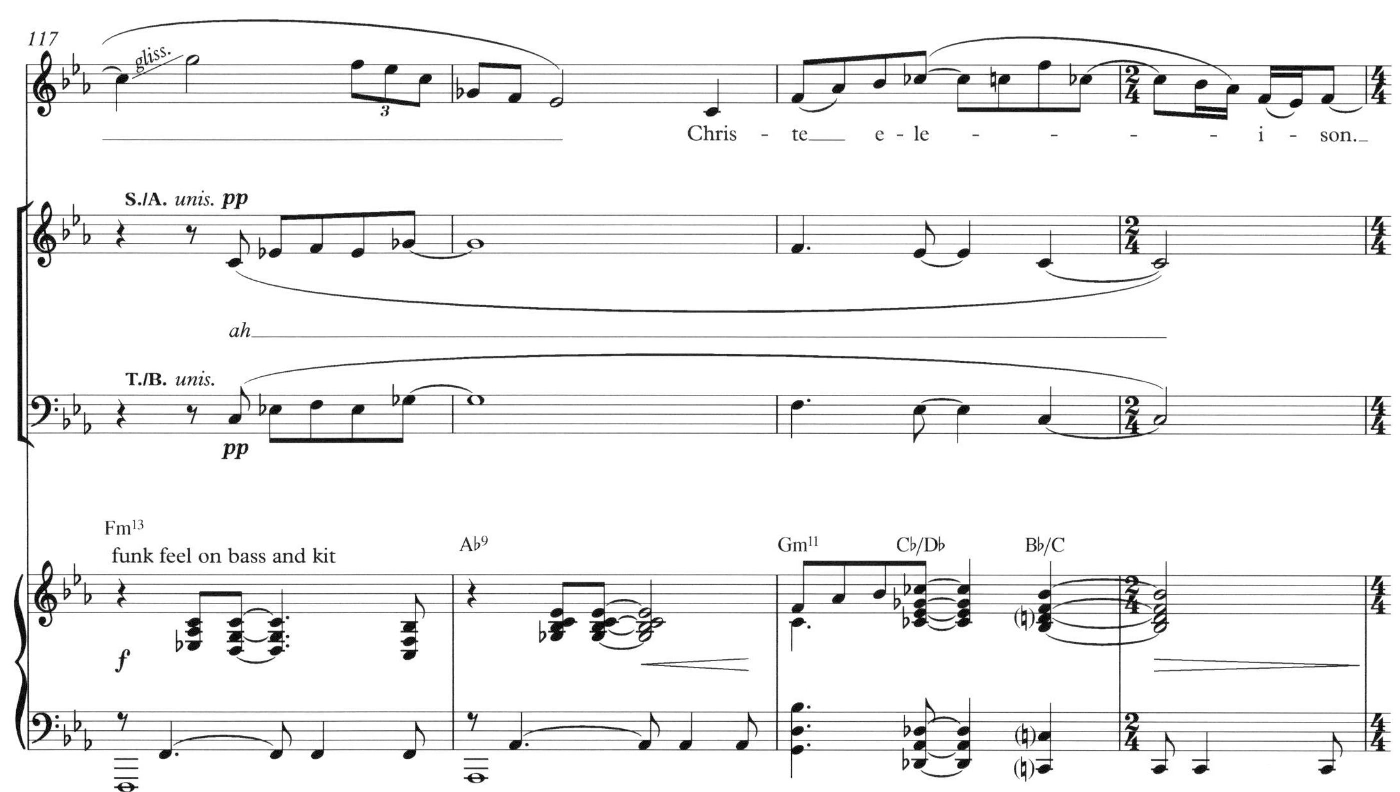

* Cue-sized notes are optional throughout.

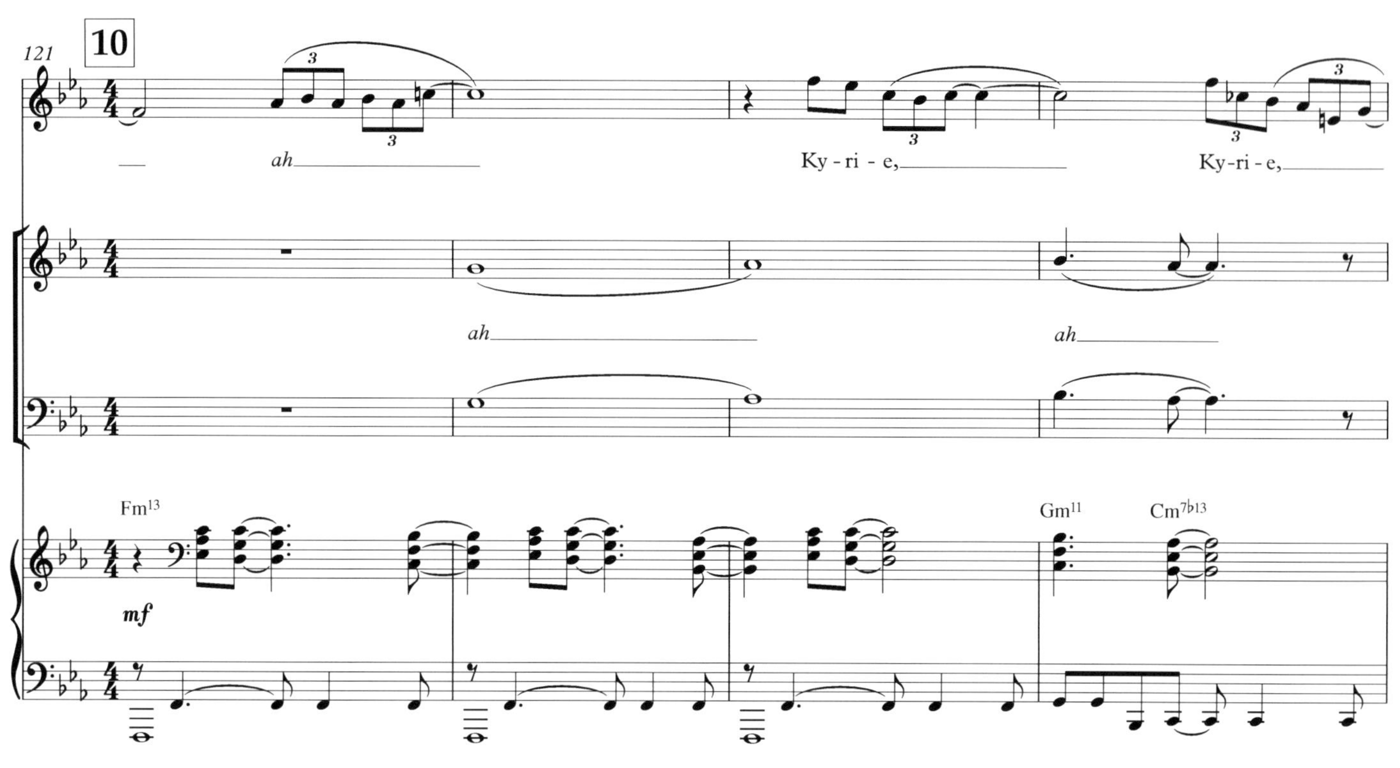
121
10
ah
Ky-ri - e,
Ky-ri - e,
ah
ah
Fm13
mf
Gm11
Cm7♭13

125
Ky-ri - e,
Ky-ri - e
e - le
ah
ah
Fm13
G7♯9
C♭/D♭
B♭/C
f

129
11
- - - i - son,
Ky - ri - e
mp
Ky - ri - e
mp
Fm13
mf

133
e - le - - - - i - son,
e - le - - - - - i - - son,
Gm11
Cm7♭13
Fm13

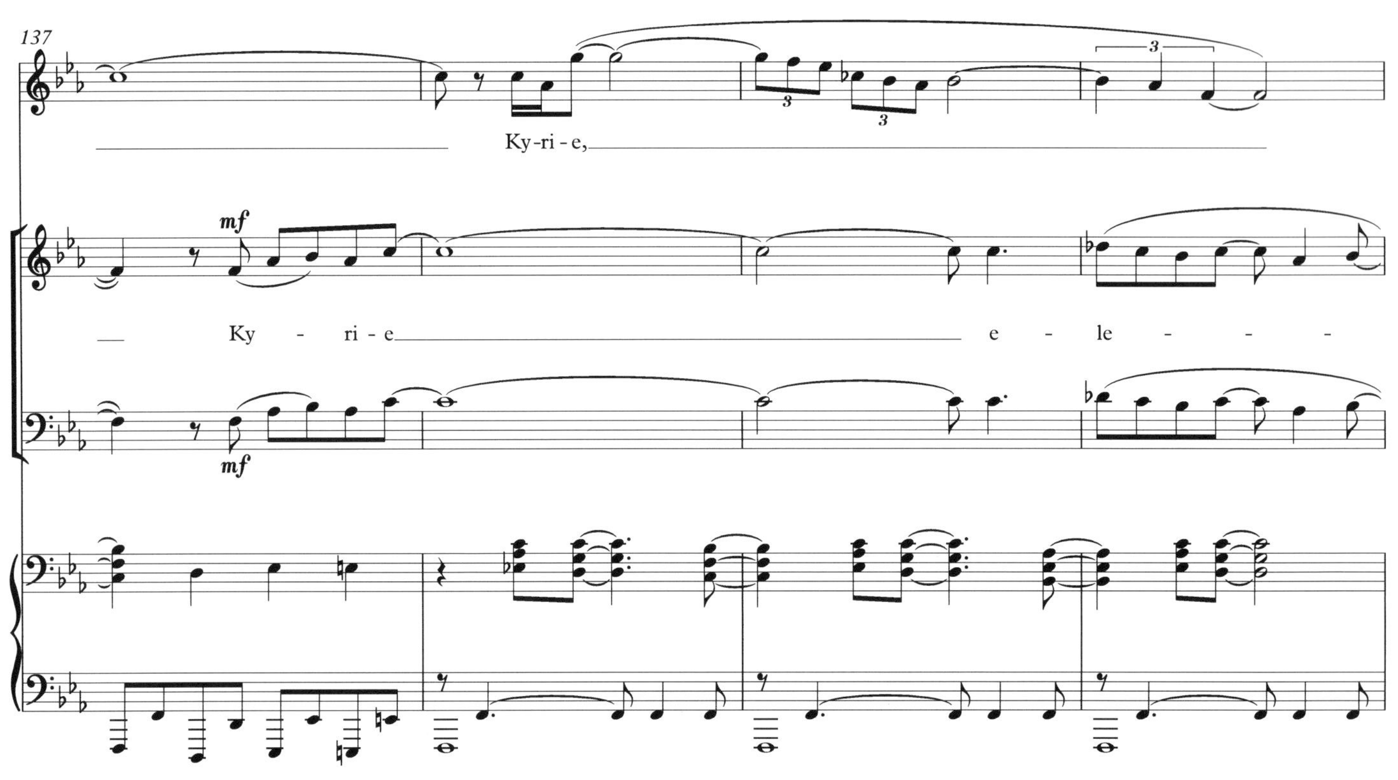

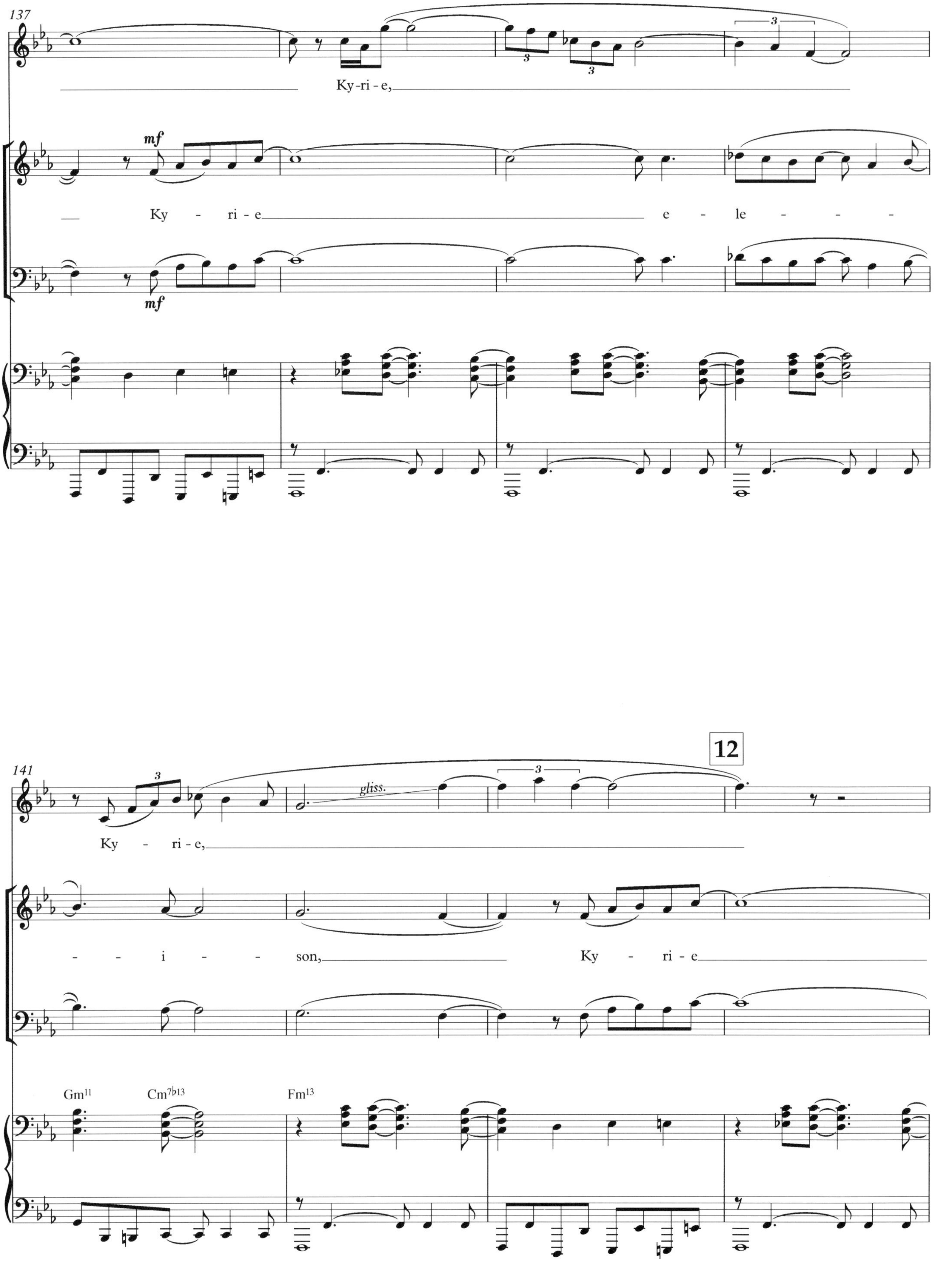
137
Ky-ri - e,
mf
Ky - ri - e
e - le - - -
mf
141
3
gliss.
3
12
Ky - ri - e,
- - i - - son,
Ky - ri - e
Gm11
Cm7b13
Fm13

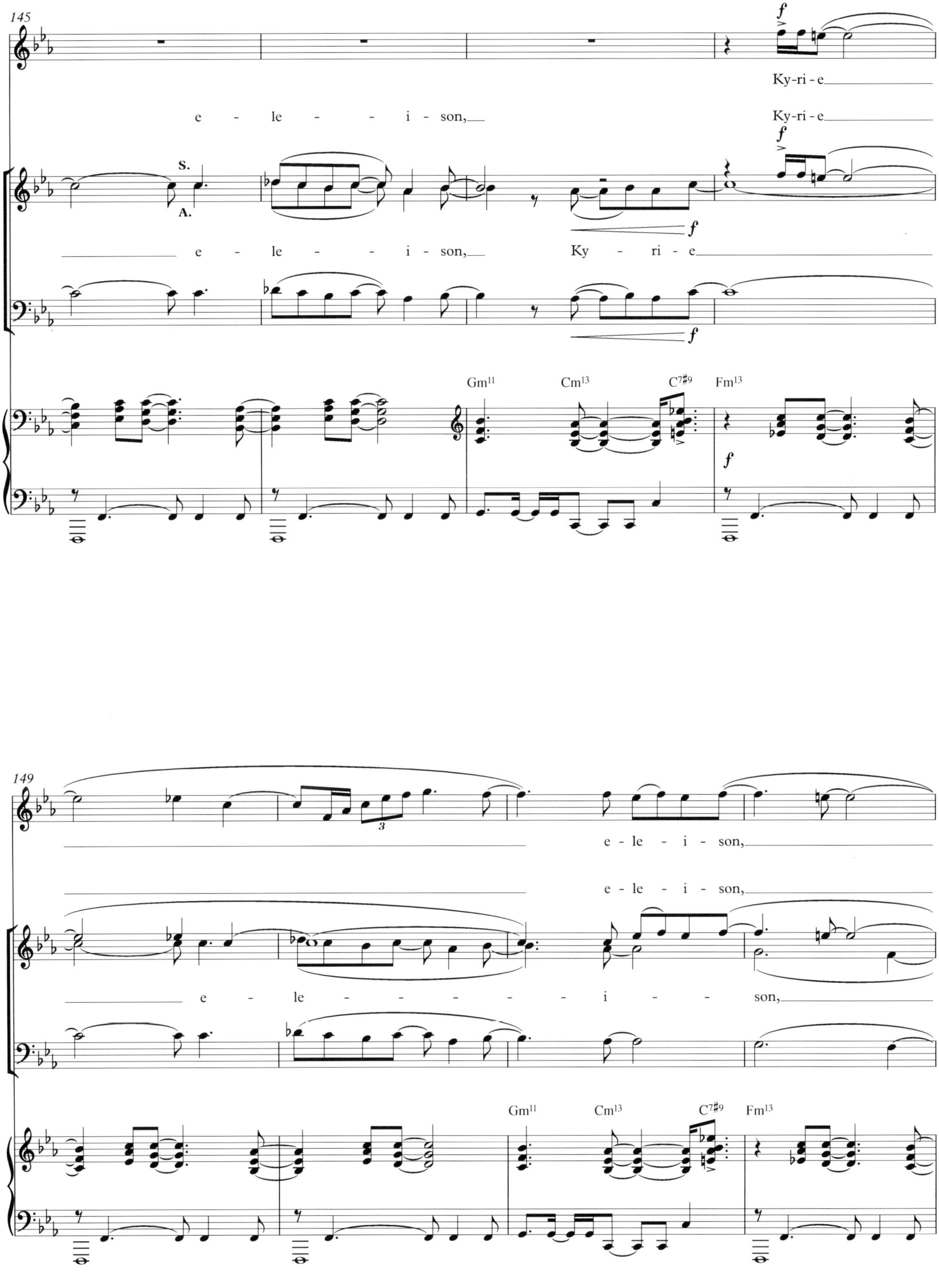

145

f

Ky-ri - e

e - le - - i - son,

Ky-ri - e

f

S.

A.

f

e - le - - i - son, Ky - ri - e

f

Gm11 Cm13 C7♯9 Fm13

f

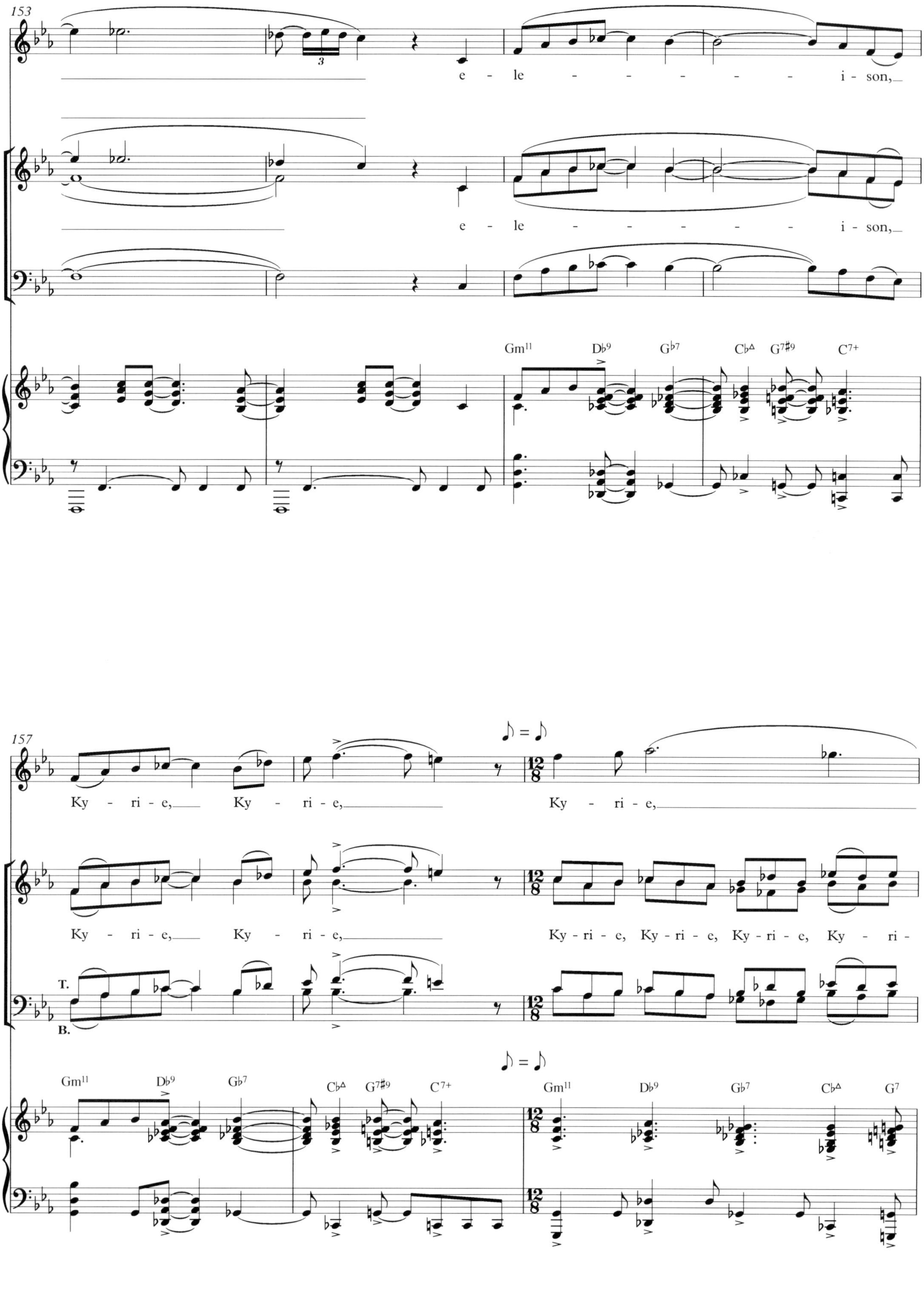

157

♪ = ♪

Ky - ri - e, Ky - ri - e, Ky - ri - e,

Ky - ri - e, Ky - ri - e, Ky - ri - e, Ky - ri - e, Ky - ri - e, Ky - ri -

T.

B.

♪ = ♪

Gm11 D♭9 G♭7 C♭△ G7♯9 C7+ Gm11 D♭9 G♭7 C♭△ G7

rall. (♩. = ♩) **13** **a tempo** ♩ = *c.*52

160

pp

Ky - ri - e,

pp *mp*

Ky - ri - e,

- e,

ah

mp

pp

ah

rall. (♩. = ♩) **a tempo** ♩ = *c.*52

C7sus♭9 · *8va* · B♭/C · D♭9/C

mf *p* *mp*

rall.

162

mp *pp*

Ky - ri - e.

Ky - ri - e, · Ky - ri - e.

p *pp*

Ky - ri - e.

Ky - ri - e.

p *pp*

ah · *ah* · Ky - ri - e.

rall.

E♭/F · C7♯9/F · G♭Δ♯11 · C♭Δ6 · Fm11

p

Ped.

2. *Gloria*

Energetically ♩ = 132
S./A. unis.
f
14
SOPRANO
ALTO
Glo-ri-a in ex-cel-sis De - o.
T./B. unis.
TENOR
BASS
Energetically ♩ = 132
D11
B♭Δ9
sfz
6
mf
Et in ter-ra pax ho-mi-ni-bus
D11
B♭maj9
E♭maj9
Gm9
C7♭9
F7♭9
ff
10
bo - nae vo-lun-ta - tis.
B♭maj9
E♭9
Em7/A
B♭9
Em11
A13♭9

15
16
S.
A.
T.
B.
mf
f
dim.
Lau-da-mus te, be-ne-di-ci-mus te, a-do-ra-mus te, glo-ri-fi-ca-mus
te, lau-da-mus te. Gra-ti-as a-gi-mus ti-bi prop-ter
ma-gnam glo-ri-am tu-am. Glo-ri-a.
D∆9 Gm11 D∆9 Am11 C∆/G Bm11 A∆6 C♯m11
Dm9 Dm9/G G7♭9 Fm9 E13 E♭∆9 A♭m11 E♭∆9 B♭m11
A♭∆6 Cm11 B♭∆6 Dm11 E♭m9 E♭m9/A♭ A♭sus7♭9 D♭∆

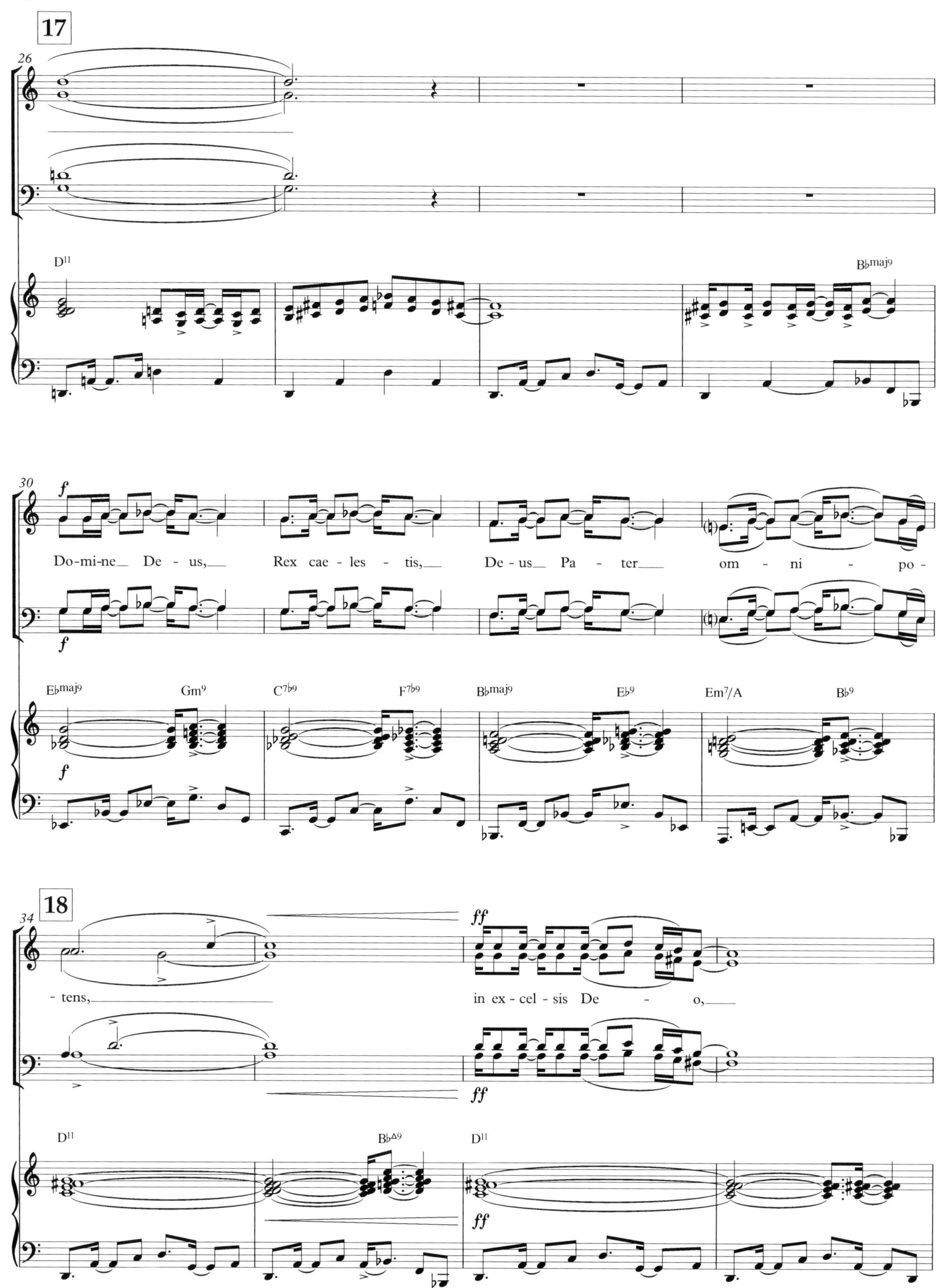
17
26
D11
B♭maj9
30
Do-mi-ne De - us, Rex cae-les - tis, De-us Pa - ter om - ni - po -
E♭maj9
Gm9
C7♭9
F7♭9
B♭maj9
E♭9
Em7/A
B♭9
18
34
- tens, in ex-cel-sis De - o,
D11
B♭Δ9
D11

19
f
ff
38
glo - ri - a in ex - cel - sis De - o.
Gm9
E♭9
A7sus
A7♯9
Cm11
B7(♯9 ♭5)
20
mp
♪ = ♪
42
B♭Δ
B♭7sus
E♭m13
B♭m7
48
S./A. unis. mf
S./A.
Do-mi-ne Fi-li u - ni - ge-ni-te, Je - su Chris - te. Do - mi - ne De - us,
E♭m13
mp

54
S. f
A.
A - gnus De - i,
Fi - li - us Pa - tris, Qui tol-lis pec - ca - ta mun - di,
G♭/E♭ A♭m13
D♭/A♭
f mf
60
mf
S.
A.
mi - se - re - re no - bis.
21
T./B.
T./B. unis. mf cresc.
Mi - se - re - re, mi - se - re - re,
E♭m13
cresc.
65
22
S./A. unis. f
Qui tol - lis pec - ca - ta mun -
f
mi - se - re - re, mi - se - re - re. Qui tol - lis pec - ca - ta mun - di,
E♭m
Em13
f

70
-di, de - pre - ca - ti - o - nem nos-tram sus - - ci - pe.
mun - di, qui tol - lis pec - ca - ta mun - di, mun - di,
Bm7 Em13
G/E
75
Qui se - des ad dex - te - ram Pa - - - tris, mi - - se-
qui tol - lis pec - ca - ta mun - di, mun - di, mi - se - re - re,
Am13
D/A Em13
80
-re - - re no - - - bis, mi - se - re - re,
mi - se - re - re, mi - se - re - re, mi - se - re - re, mi - se - re - re, mi - se - re - re,
C13

85
23
mi - se - re - re
no - bi-.
gliss.
gliss.
ah
T.
mi-se-re-re
B.
gliss.
gliss.
B7♯9
E5
D11
sfz
f
Ped.
90
24
ff
p
Glo - ri - a
ff
p
D△
B♭maj9
Am11
B♭△♯11
gliss.
ff
8vb
95
ff
in ex - cel - sis De - o,
in ex - cel - sis De - o.
ff
Am11
B♭maj9
E♭△♯11
Gm9

98
mp
ah
mp
E7♯9
A7♯9
D△9
Gm11
D△9
Am11
C△/G
Bm11
mp
102
ff
Lau - da - mus te.
mf
25
Quo - ni - am tu so - lus
ff
mf
A△6
C♯m11
Dm9
Dm9/G
G7♭9
Fm9
E13
E♭△9
A♭m11
106
san - ctus, Do - mi - nus, tu so - lus Al - tis - si - mus, Je - su Chris - te, glo - ri -
f
f
E♭△9
B♭m11
A♭△6
Cm11
B♭△6
Dm11
E♭m9
E♭m9/A♭
A♭sus7♭9

110
f
-a,
cum
San - cto Spi-ri-tu
f
A7sus
f
D∆
B♭maj9
26
114
in glo-ri-a De-i Pa-tris, A - - men. ah
E♭maj9
Gm9
C7♭9
F7♭9
B♭maj9
E♭13
A7sus
A7♯9
118
27
Glo-ri-a,
glo-ri-
glo-ri-
B♭∆/C
B7(♯9 ♭5)
A♭∆/B♭
A7(♯9 ♭5)

28
122
- a.
Glo - ri - a,
T./B. unis.
- a.
A - men,
A - - men,
Gb∆/Ab
G7(#9 b5)
Ab7sus
126
glo - ri - a,
glo - - - - - - ri -
A - men,
A - - men,
A - men,
A - men,
A - men,
rit.
29
♩ = 100
130
ff
- a,
glo - ri - a.
A - men,
ah
ff
rit.
♩ = 100
F#m11
D7#11
D∆#7
Db#4
ff
fff
8vb
sfz

3. *Credo*

Heavy triplet feel ♩. = 76
30
SOPRANO SOLO
SOPRANO ALTO
TENOR BASS
S./A. unis. f
Cre - do in u - num De - um.
T./B. unis. f
Heavy triplet feel ♩. = 76
F7sus
sfp
f
sub. f
p
f
8vb
S. SOLO
mf
Cre - do in u-num De - um,
Pa-trem om - ni-po - ten - tem,
B♭7
E9
fac - to-rem cae - li et ter - rae,
vi - si - bi - li-um om-ni-um et in - vi - si -
E♭9
C7
F7
G♭9
C7♯9
F7+

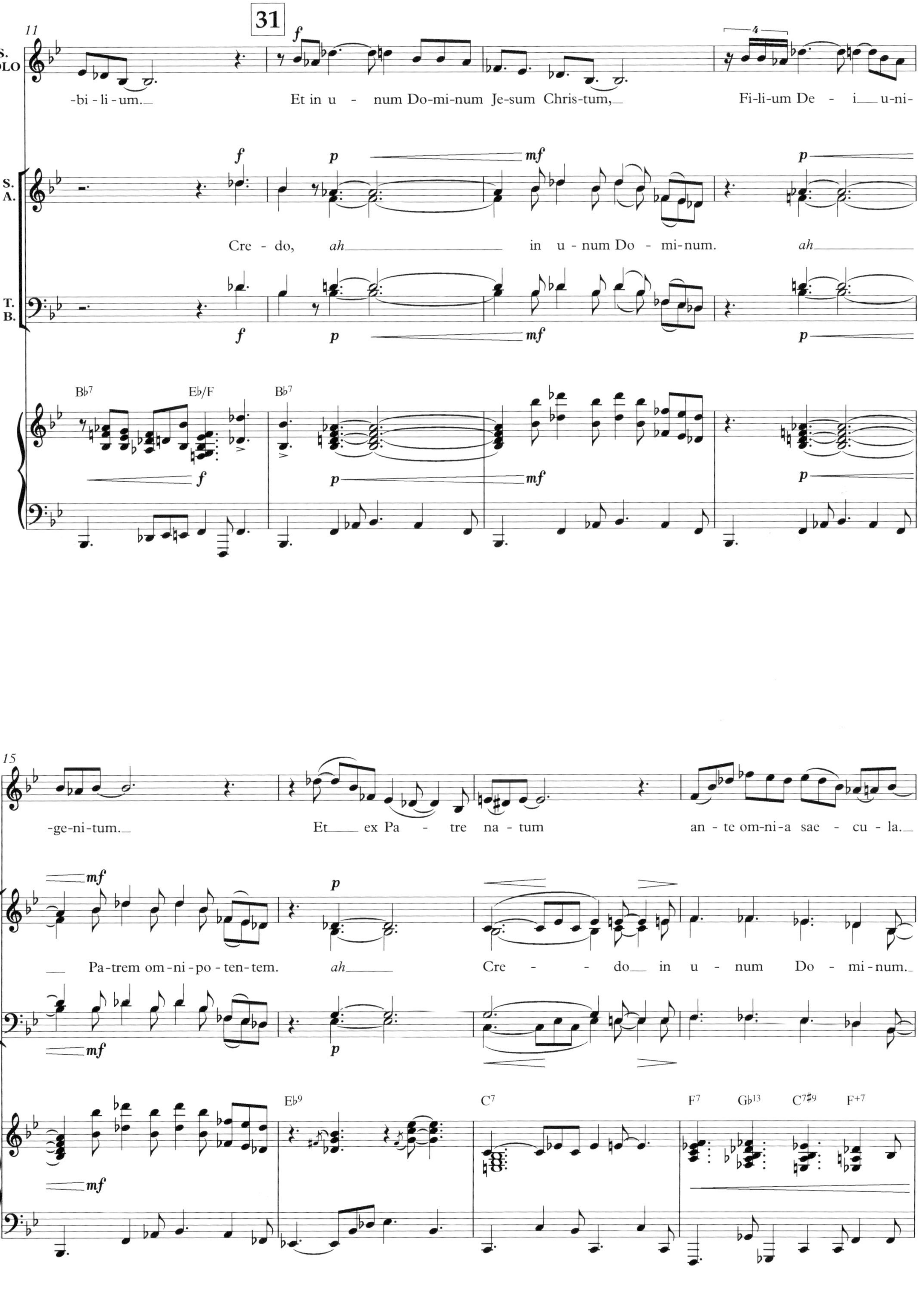

11 31

S. SOLO

f

-bi - li - um. Et in u - num Do-mi-num Je-sum Chris-tum, Fi-li-um De - i u-ni-

S. A.

f p mf p

Cre - do, *ah* in u - num Do - mi-num. *ah*

T. B.

f p mf p

B♭7 E♭/F B♭7

f p mf p

19

32

f

De-um de De-o, lu-men de lu-mi-ne, De-um ve-rum de De - o.

f

B♭7 B♭9 E♭13 C7♭9 F+7

sf

23

oh *oh*

De-um de De - o, lu-men de lu-mi-ne,

De-um de De - o, lu-men de lu-mi-ne, De - um

B♭7 F7sus4 B♭9 E♭7

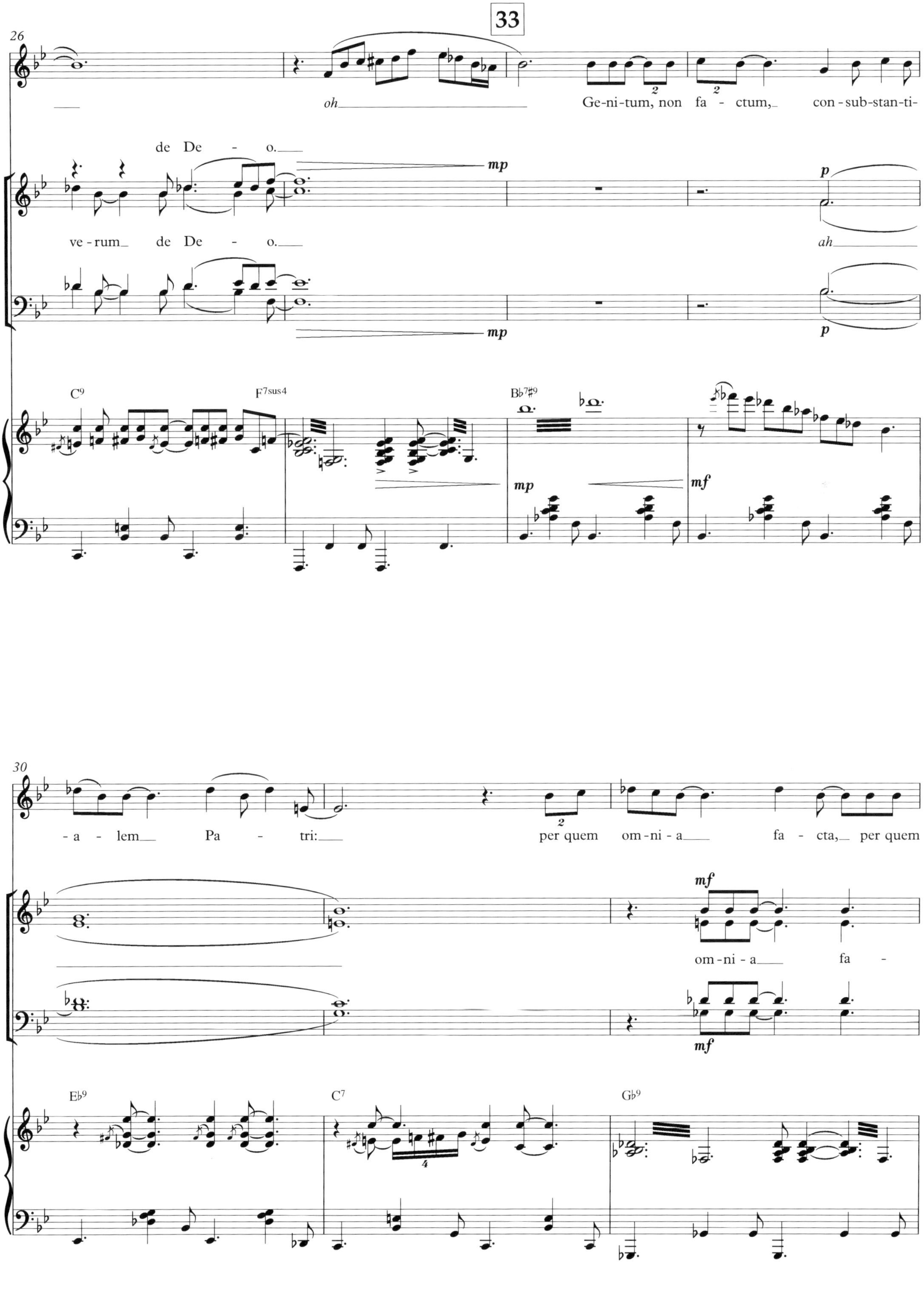

33

26

oh
Ge-ni-tum, non fa - ctum,
con-sub-stan-ti-

de De - o.
mp
p

ve-rum de De - o.
ah

mp
p

C9
F7sus4
B♭7♯9
mp
mf

33

om - ni - a fa - cta sunt.

-cta, per quem om-ni-a fa-cta sunt. De-um de

F7sus4 B♭7 F F7♯9

34

36

De - - - o, De - - - o, De - - -

De - o, lu-men de lu-mi-ne, De - um ve - rum de De - o.

B♭7 E♭7 C7♯9 F+7

Sax.

39

- - - - - - - - o. Qui prop - ter nos ho - mi - nes,

Qui prop - ter nos ho - mi - nes, et prop - ter

B♭7 F7sus4 B♭7

41

et prop - ter nos - tram, *oh*

nos - tram sa - lu - tem de - scen - dit de cae - lis.

E♭9 C7♭9 F7sus4

35

44

oh

f

Ge-ni-tum, non fa-ctum, con-sub-stan-ti-a-lem Pa-tri:

f

B♭9

8va

loco

E9

E♭9

D♭9

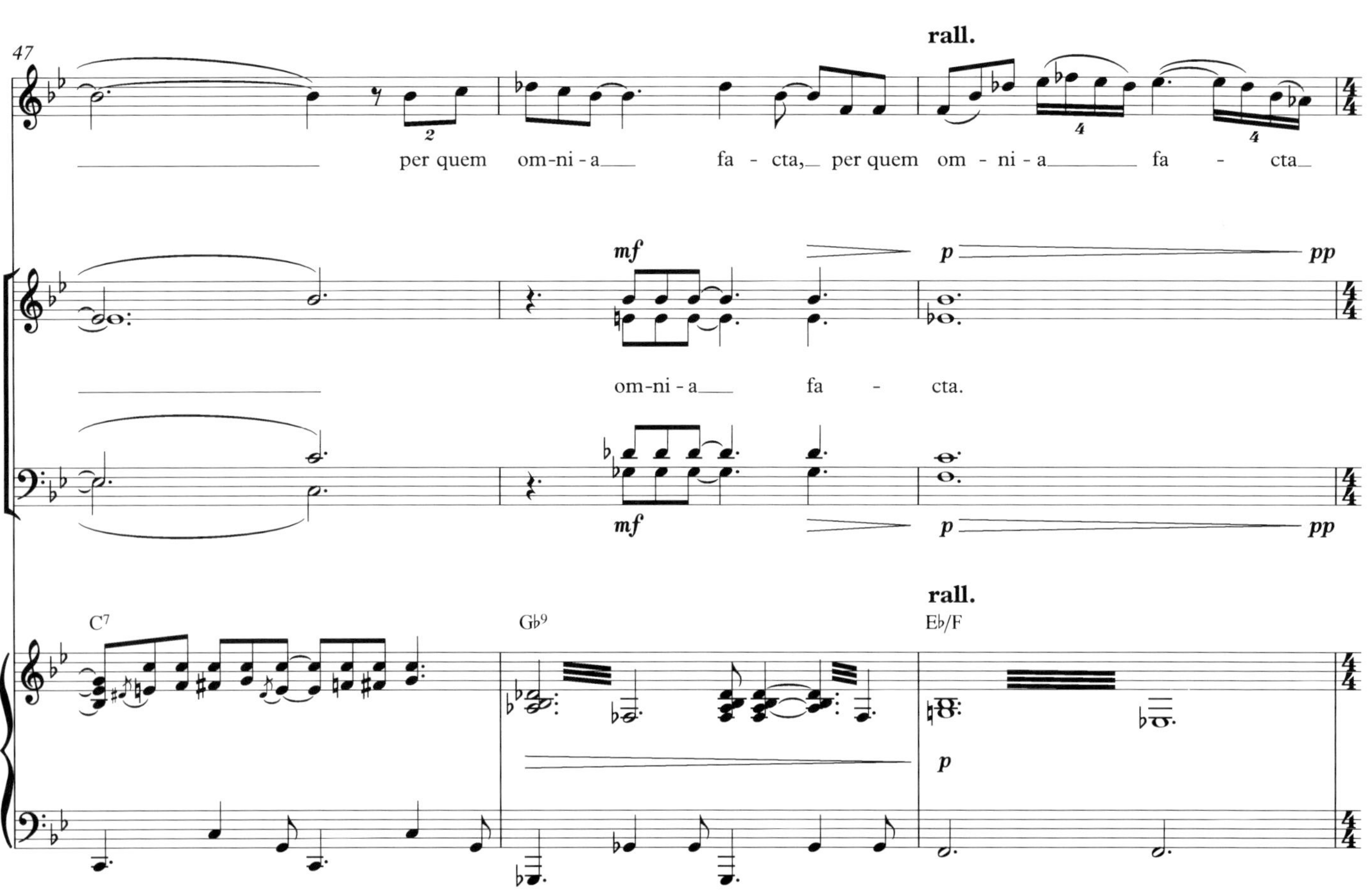

50
Freely ♩ = 72
36
mp espress.
S. SOLO
sunt.
Et in-car-na-tus est
Bbm13
Ebm11
Bbm add9
mp
con Ped. ad lib.
54
de Spi - ri - tu San - cto
ex Ma - ri - a Vir - gi -
Ebm11
Bbm9
8va
Ebm11
57
rall.
colla voce
37
Freely ♩ = 54
- ne:
et ho - mo fa - - ctus est.
S./A.
S./A. unis. p espress.
Cru - ci -
T./B.
T./B. unis.
p espress.
rall.
colla voce
Freely ♩ = 54
Fm7b5
Bb9
Cb9
Bb9
Ebm13
mp

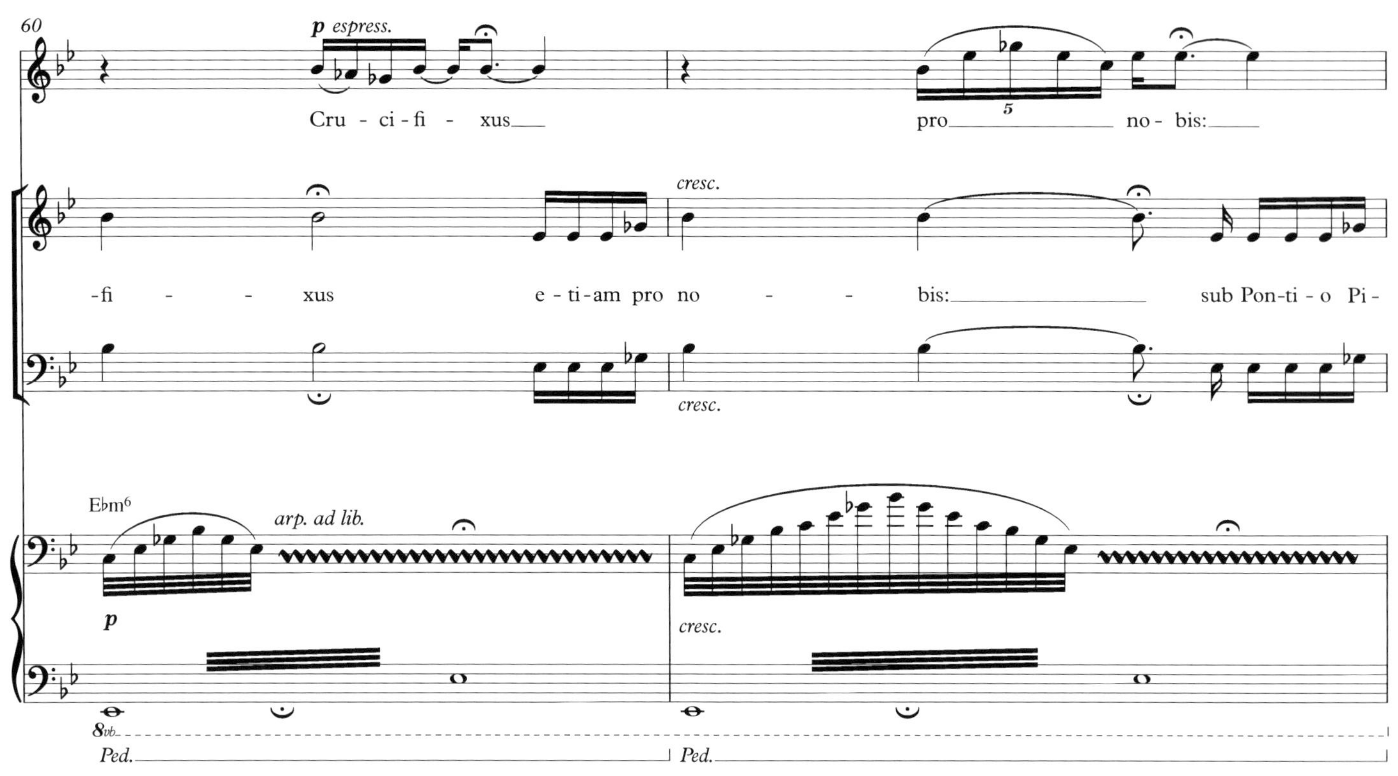

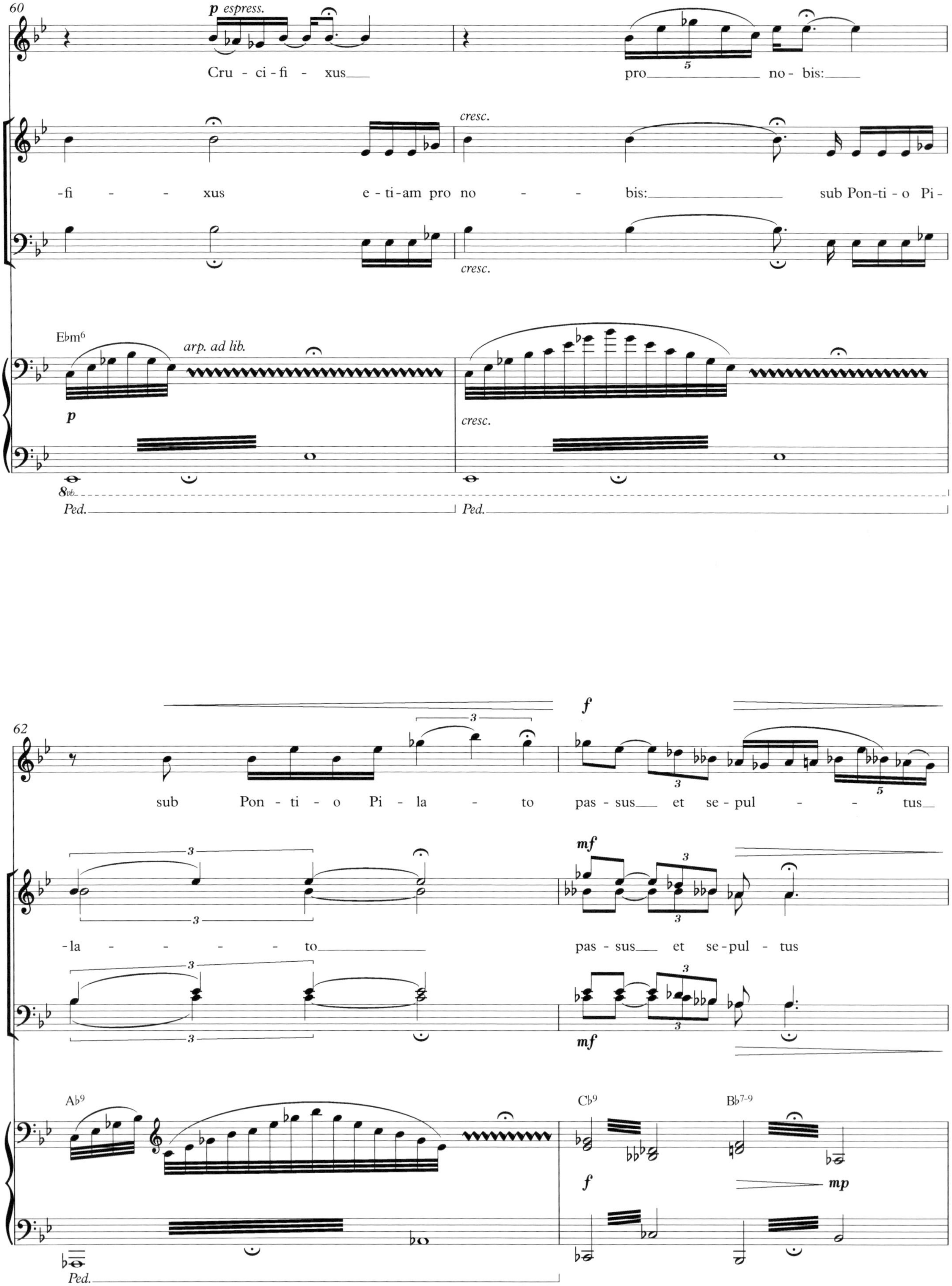

62
f
sub Pon - ti - o Pi - la - to pas - sus et se - pul - - tus
mf
-la - - - - - to pas - sus et se - pul - tus
mf
A♭9
C♭9
B♭7-9
f
mp
Ped.

pp
est.
pp
est.
pp
E♭m13
mf
38 ♩ = 60
p
f
mf
8vb
f
ff
(8)
rall.
39 Presto 𝅗𝅥 = 152 (swing)
B♭7
(8)
omit LH if bass playing

78
(straight)
8va
40
(swing)
82
S.
A.
scrip - tu - ras.
Et re - sur - re - xit ter - ti - a di - e, se - cun - dum scrip - tu -
B♭7
(8)
88
41
Et a - scen - dit, a - scen - dit in cae - lum: se -
ras.
Et a - scen - dit in cae - lum: se -
E♭7
94
- det ad
- det ad dex - te - ram
Pa - tris. Et i - te - rum ven -
B♭7
F9

100
S.
A.
-tu-rus est cum glo - ri - a,
T.
B.
Ju - di - ca-re vi - vos et mor-tu -
E♭13
B♭7
106
42
cu - jus re - gni,
non e - rit fi -
fi - nis.
- os:
cu - jus re - gni non e - rit fi -
fi - nis.
112
43
Et in Spi - ri - tum San - ctum,
- - nis.
Et in San - ctum, Do - mi - num, et
- - nis.
E♭7

118
vi - vi - fi - can - tem: qui ex Pa - tre Fi - li -
B♭7
F9
124
-o - que pro - ce - dit. Fi - li - o
Qui cum Pa - tre et Fi - li - o
E♭13
B♭7
130
44
si - mul a - do - ra - tur,
f
si - mul a - do - ra -
si - mul a - do - ra - tur,
f
si - mul a - do - ra -

45
136
et con- -glo - ri- -fi - ca - - tur: qui lo -
- - tur, et con- -glo - ri - fi - ca - tur: per
et con- -glo - ri- -fi - ca - - tur: qui lo -
- - - tur, et con- -glo - ri - fi - ca - tur: per
E♭7
142
- cu - tus est per Pro - phe - tas,
Pro - - phe - tas,
- cu - tus est per Pro - phe - tas,
qui lo - cu - tus est
Pro - - phe - tas,
B♭7
F9
E♭13
149
unis.
46
a tempo ♩. = 76
per Pro - phe - tas. Et u - nam san - ctam, san - ctam ca -
unis.
a tempo ♩. = 76
B♭7
E♭/F
B♭7
(Sax.)

155
S. SOLO
S./A.
T./B.
f
Cre - do, cre-, cre - - -
-tho-li-cam et a - po-sto-li-cam Ec-cle - si-am. Con -
E♭7
C7♯9
F7
B♭7
F7sus4

158
-do, cre - do, oh
-fi-te-or u-num bap-tis-ma in re-mis-si-o-nem pec-ca-to - rum.
B♭7
E♭9
C7♭9
F7sus4

47

162

Et ex-spec-to re-sur-rec-ti-o-nem mor-tu-o-rum.

unis. p f

oh Et ex-spec-to re-sur-rec-ti-o-nem mor-tu-o-rum.

unis.

p f

B♭7 8va E9 E♭9 D♭9

mf

165

Et vi-tam ven-tu-ri sae-cu-

mf

ah

mf

C9 E♭/F G♭13 E♭/F

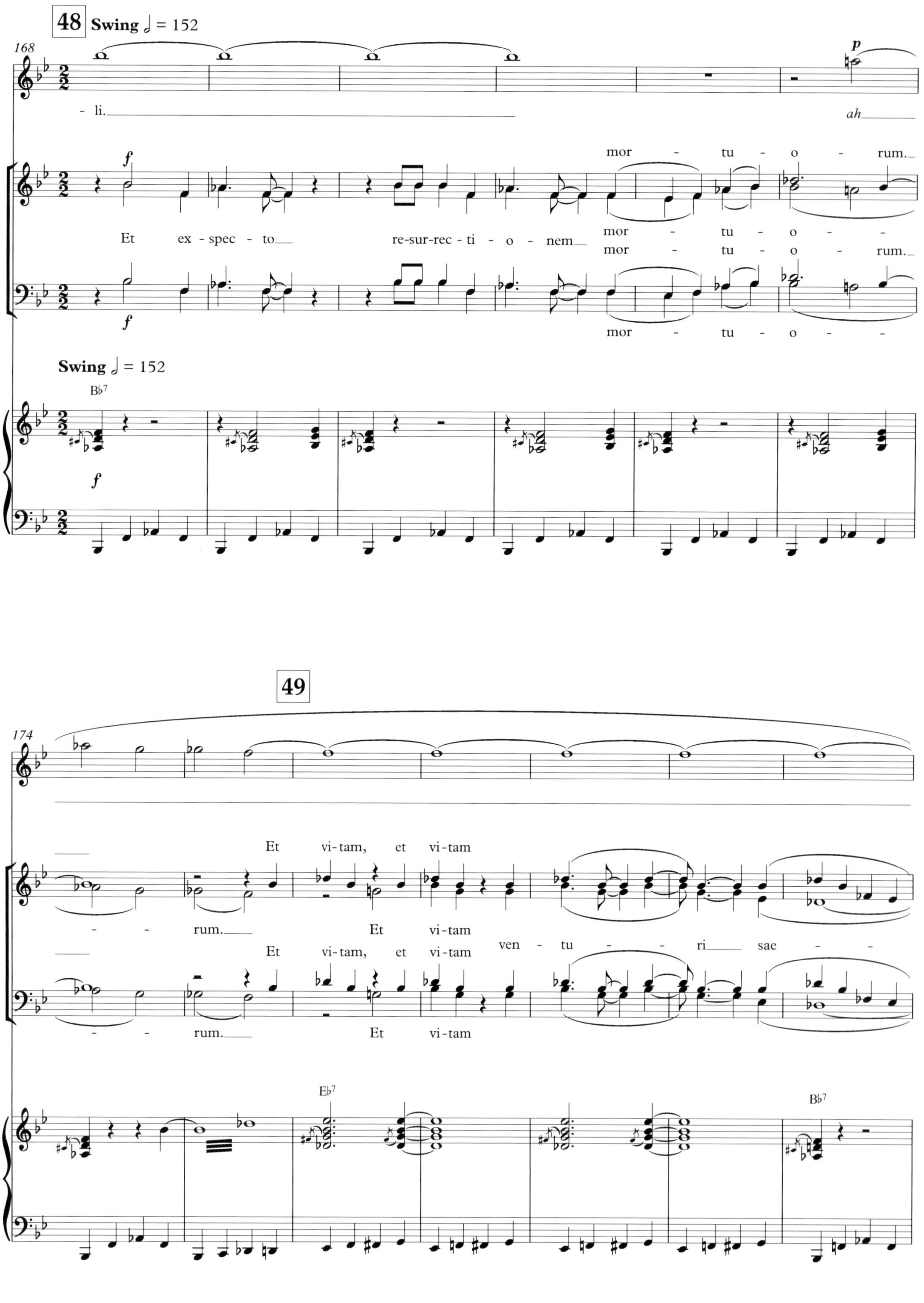
48
Swing 𝅗𝅥 = 152
168
li.
ah
mor - tu - o - rum.
Et ex-spec-to resur-rec-ti-o-nem
mor - tu - o -
mor - tu - o - rum.
mor - tu - o -
Swing 𝅗𝅥 = 152
B♭7
49
174
Et vi-tam, et vi-tam
rum.
Et vi-tam
Et vi-tam, et vi-tam
ven - tu - ri sae -
rum.
Et vi-tam
E♭7
B♭7

181
a tempo ♩. = 76 (straight)
A
cu - li.
A
a tempo ♩. = 76 (straight)
F7sus
gliss.
185
50
S. SOLO
-men.
Re - sur-rec-ti - o - nem
mor - tu - o
S.
-men.
Re - sur-rec-ti - o - nem
mor - tu - o
A.
-men.
Re-sur-rec - ti - o - nem
mor - tu - o
rum.
T./B.
-men.
Re-sur-rec - ti - o - nem
mor - tu - o
rum.
B♭7
(Sax.)
ff
E♭7
C7♯9
F7

188
rum.
oh
rum. Et vi - tam ven - tu - ri,
Et vi - tam ven - tu - ri sae -
Et vi - tam ven - tu - ri,
Et vi - tam ven - tu - ri sae -
B♭7
F7sus4
B♭7
E♭9
rall.
51
a tempo
191
A - - - - - men, A -
A - men, A - - - - men,
- cu - li, A - men, A - - - - men, A -
A - men, A - - - - men, A -
- cu - li, A - men, A - - - men,
rall.
a tempo
C7♭9
E♭/F
E/F♯
B7
sfz
sfp
gliss.
(Sax.)

194
- men, A - - - - - - - men, A -
A - - men, A - - - - - - - - - men,
- men, A - - - - - - - men, A - - -
- men, A - - - - - - - men, A -
A - - men, A - - - - - - - - men, A - - -
E7
C♯9
F♯+7
B7
F♯7sus4
52
197
S. SOLO
- men, A - men, oh
A - men, A - men.
S. A.
- men, A - men. Cre - do,
- men, A - men.
ff
T. B.
- men, A - men. Cre - do,
B7
E7
F♯(ped)
ff
8vb

rall. 53 **Presto** 𝅗𝅥 = 152 (swing)

200

cre - do.

rall. **Presto** 𝅗𝅥 = 152 (swing)

E/F♯ B7

fp *f*

(8)

Tempo primo ♩. = 76

206

ff

Cre-do.

ff

Cre-do.

ff

Tempo primo ♩. = 76

B7♯9

fill *ad lib.*

8va

sfzp *ff*

gliss.

8vb 8vb

4. *Sanctus*

Ballad ♩ = 60
pp espress.
con Ped.
Gb△/F
Cm7/F
Bb13/F
Bb△/F
mf
rit.
54
a tempo
SOPRANOS p molto espress.
San - ctus, san - ctus, san - ctus, Do - mi -
Gb△/F
Cm7/F
Bb△
Ebm6/Bb
Bb△
Ebm6/9/Bb
Ebm#4
Gm11
p
- nus De - us Sa - ba - oth.
mp
mf
A.
mf San -
G13b9
Cm11
Cm△b5
Eb/F
F7#11
Bb△
Bb13
mp
mf
55
San - ctus, san - ctus,
mp
- ctus, san - ctus,
Eb△9
Cm7
Bb△/F
Ebm6/F
Sax.
Bb△/F
Ebm6/F
mp

15
mf
san - ctus, Do - mi - nus De - - us Sa - ba - oth.
Gm11 C13♭9 F△ F9 B♭ A♭m9
18
f
San - - - - - ctus.
E♭6/F E♭△/F F7sus C△/D D7sus D+9
56
21
S. A.
Ho -
p
T./B. unis.
mf dolce
T./ B.
Ple - ni sunt cae - li et ter - ra glo - ri - a tu - a.
G9sus Dm7 G13♭9 C△ F13♯11
p delicate

25
- san - - - - - - - - - na,
cresc.
Ho -
Ho - - - - - - - - - san - - - - - - - - na,
Ho - - - - - - - - - san - - - - - - - - -
cresc.
T.
B.
Ho - - - - - - - - - san - - - - - - - - na,
E7sus
E7
E7sus
E7
cresc.
57
- san - - - - - na,
Ho - san - - - - -
f
27
f
Ho - - - - - - san - - - - - na, Ho - - san - -
- na, Ho - san - - - - - - - na, Ho - san - -
f
Ho - - - - - - san - - - - - na, Ho - san - - -
A7sus
A7
A7sus
A7
B9sus
f
- na in ex - cel - - - - sis.
p
rall.
San - ctus
mf
30
- na.
- na.
- na.
B/C♯
C♯7
E♭13
E♭9
D♭Δ/A♭
G♭m6/A♭
rall.
D♭Δ/A♭
G♭m6/A♭
p

a tempo
rall.
58
a tempo
Do - mi - nus De - us,
34
pp
ah
ah
pp
a tempo
rall.
a tempo
Solo ad lib.
F7 Bb△ Bb7
Eb△ Cm7 Cm7/F
Bb△ Ebm6/Bb
Bb△ Ebm6/Bb
mf
38
Bb△ Ebm6/Bb
Bb△
Ebm△ Gm11
f
41
Ebm△ Gm11
Cm7 Cb13 Cm7/F F13
ff
59
44
mf
S.
A.
san - - - ctus
f
San - - ctus, san - - ctus, san - ctus, Do - mi - nus
mf
T.
B.
f
San - - - - - - - - ctus, san - ctus
Bb△/F Ebm6/Bb Bb△/F Ebm6/Bb Gm11 C13b9
sub. p
f

47
ff
De - us
Sa - ba - oth.
Ple - ni sunt cae - li et ter - ra
ff
FΔ
F9
B♭add 2
A♭m9
Cm7/F
ff
50
sub. p
mf
glo - ri - a tu - a.
sub. p
mf
60
Double tempo feel (♩ = 60) (swing)
p
ah
p
Double tempo feel (♩ = 60) (swing)
Solo ad lib.
CΔ/D
G
GΔ
sub. p
mf
53
Dm7
G13
CΔ

61
Ho - san - - - - - - - -
Ho - - - - - - - - - - - -
Ho - - - - - - - - - - - -
mf
Ho - - - - - - - - - - - -
F+7
E7sus
E7
-na, Ho - san - - - - - - - - -
-san - - - - - - - na, Ho - - - - - - - - -
-san - - - - - - - - - - na, Ho -
-san - - - - - - - na, Ho - - - - - - - - -
E7sus
E7
A7sus
A7
rall.
-na, Ho - san - - - - - - - - na in ex -
f
-san - - - - - na, Ho - - san - - - - - na.
-san - - - - - - - na, Ho - san - - - - na.
-san - - - - - na, Ho - san - - - - - - na.
A7sus
A7
B9sus
C♯sus
C♯

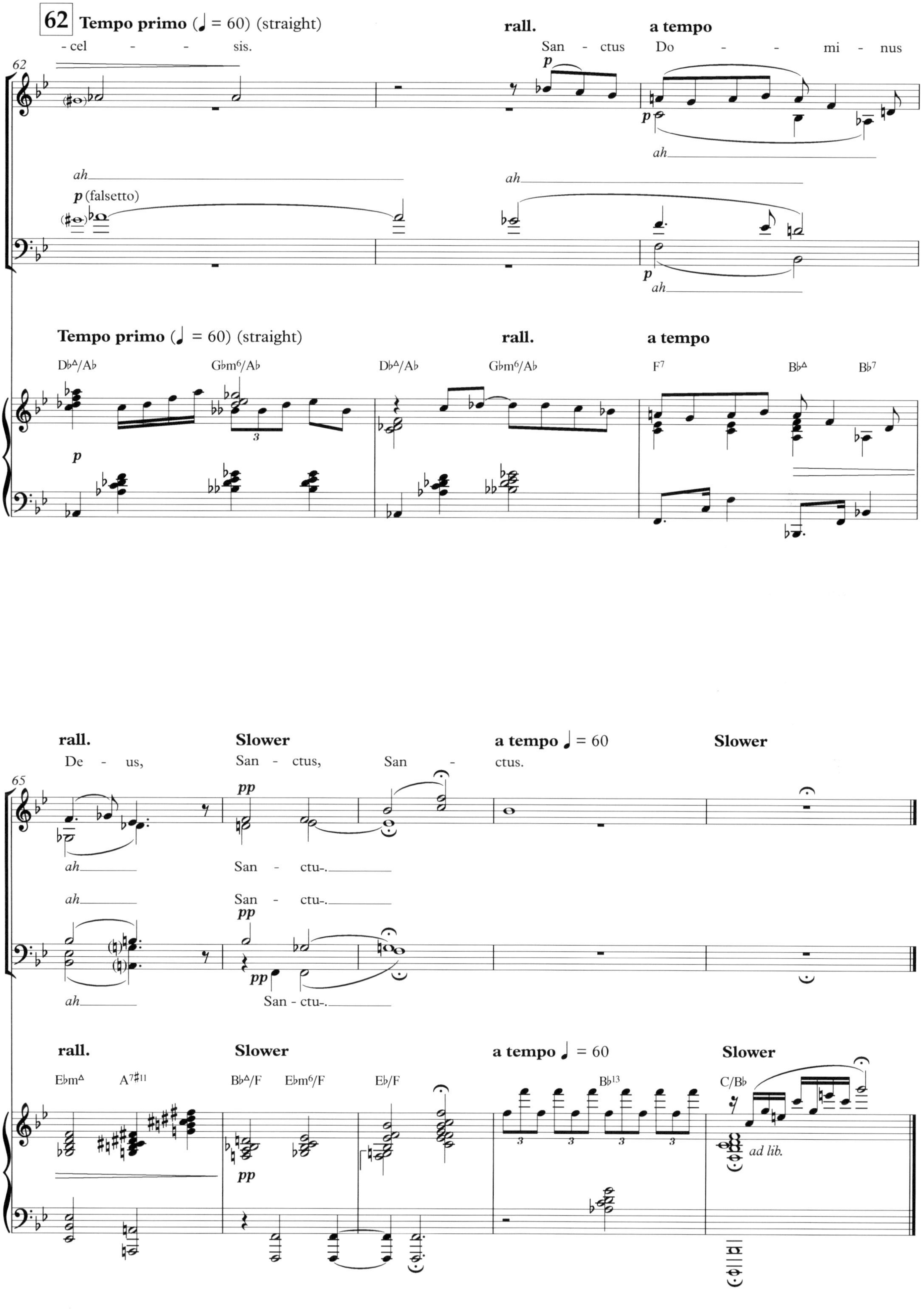
62
Tempo primo (♩ = 60) (straight)
-cel - - sis.
rall.
a tempo
San - ctus Do - - mi - nus
p
ah
ah
p (falsetto)
ah
Tempo primo (♩ = 60) (straight)
rall.
a tempo
D♭Δ/A♭
G♭m6/A♭
D♭Δ/A♭
G♭m6/A♭
F7
B♭Δ
B♭7
p
65
rall.
Slower
a tempo ♩ = 60
Slower
De - us,
San - ctus,
San - ctus.
pp
ah
San - ctu-.
ah
San - ctu-.
pp
ah
San - ctu-.
rall.
Slower
a tempo ♩ = 60
Slower
E♭mΔ
A7♯11
B♭Δ/F
E♭m6/F
E♭/F
B♭13
C/B♭
ad lib.
pp

5. *Benedictus*

66
-di - ctus qui ve - nit in no - mi - ne, be - ne - di - ctus,
Be-ne-di-ctus, ve - nit in no - mi - ne, ve - nit
Be - ne - di - ctus qui ve - nit in
Dm D♯ø7 E Am/C E/B Am
67
Ho - san - na
S.
A.
ve - nit in no-mi-ne Do-mi-ni. Be-ne-di - ctus qui
in no-mi-ne Do - mi - ni. Be-ne-di-ctus, ve - nit
T.
B.
no - mi - ne Do - mi - ni. Be - ne - di - ctus
F7 Bm7♭5 E7 Am Dm D♯ø7
in ex - cel - sis, Ho - san - na in ex - cel -
ve - nit in no-mi-ne, be-ne-di - ctus, ve - nit in no-mi-ne Do-mi-ni.
in no-mi-ne, ve - nit in no-mi-ne Do - mi - ni.
qui ve - nit in no - mi -
E Am/C E/B Am F7 Bm7♭5 E7

68 (straight)
(swing)
-sis,
Ho - - sanna
Be - ne - di - ctus, in
ve - nit in no - mi - ne
-ne,
in no - -
(straight)
(swing)
A5
Bbm
Gb9
mf
8vb
69 (straight)
in ex - cel - - sis.
no - mi - ne Do - mi - ni.
Do - - mi - - ni.
- - - - - mi - ne.
Cm7b5
F7
(straight)
Bb5
f
8vb
70 (swing)
S. SOLO
mp sempre
Be - ne - di - - - - ctus,
Be - ne - di - ctus, ve - nit in no - mi - ne, ve - nit
mf
T. B.
mf
Be - ne - di - ctus qui ve - nit in
(swing)
Bm
Em
E#o
F#7
F#/E
Bm/D
F#7
Bm
mf
(8) (optional trem. on B until bar 70)

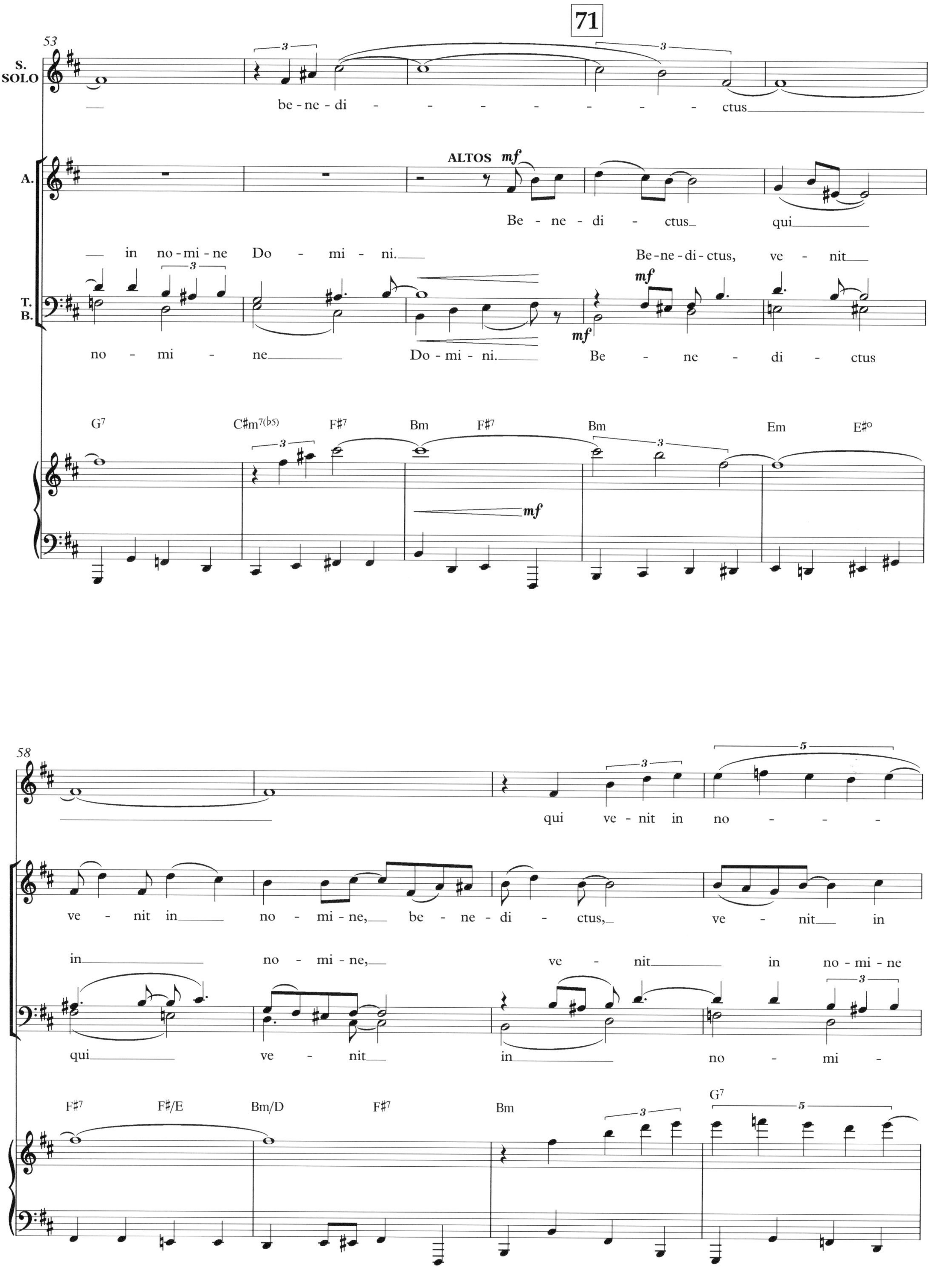

71

53

S. SOLO

be-ne-di - - - - - - - - - ctus

A.

ALTOS *mf*

Be - ne - di - ctus qui

in no-mi-ne Do - mi - ni. Be-ne-di-ctus, ve - nit

T. B.

mf

mf

no - mi - ne Do-mi-ni. Be - ne - di - ctus

G7 C♯m7(♭5) F♯7 Bm F♯7 Bm Em E♯°

mf

62

72

- - - - - - - mi - ne.

Ho - - san - - - - - - na

S. *f*

S.
A.

no - mi - ne Do - mi - ni. Be - ne - di - ctus, qui

Do - mi - ni. Be - ne - di - ctus, ve - nit

T.
B.

- ne Do - mi - ni. Be - ne - di - ctus

C♯m7(♭5) F♯7 Bm F♯7 Bm Em E♯°

66

Be - ne - di - - - ctus, in

in ex - cel - sis, Ho - - - san - na

ve - nit in no - mi - ne, be - ne - di - ctus, ve - nit in

in no - mi - ne, ve - nit in no - mi - ne

qui ve - nit in no - - -

F♯7 F♯/E Bm/D F♯7 Bm G7

73 (straight)
70
ff
no - mi - ne Do - mi - ni.
in ex - cel - sis.
ff
no - mi - ne Do - mi - ni.
Do - mi - ni.
ff
- - - - mi - ne.
C♯m7(♭5)
F♯7
(straight)
Bm7
ff
8vb
74
S./A. unis. mf
S./A.
Ho - san - na, ho - san - na,
T./B. unis.
T./B.
mf
C5
mf
(8)
78
S. SOLO
mf
oh
S./A.
ho - san - na in ex - cel - sis De - o,
T./B.
F5
C5
8vb

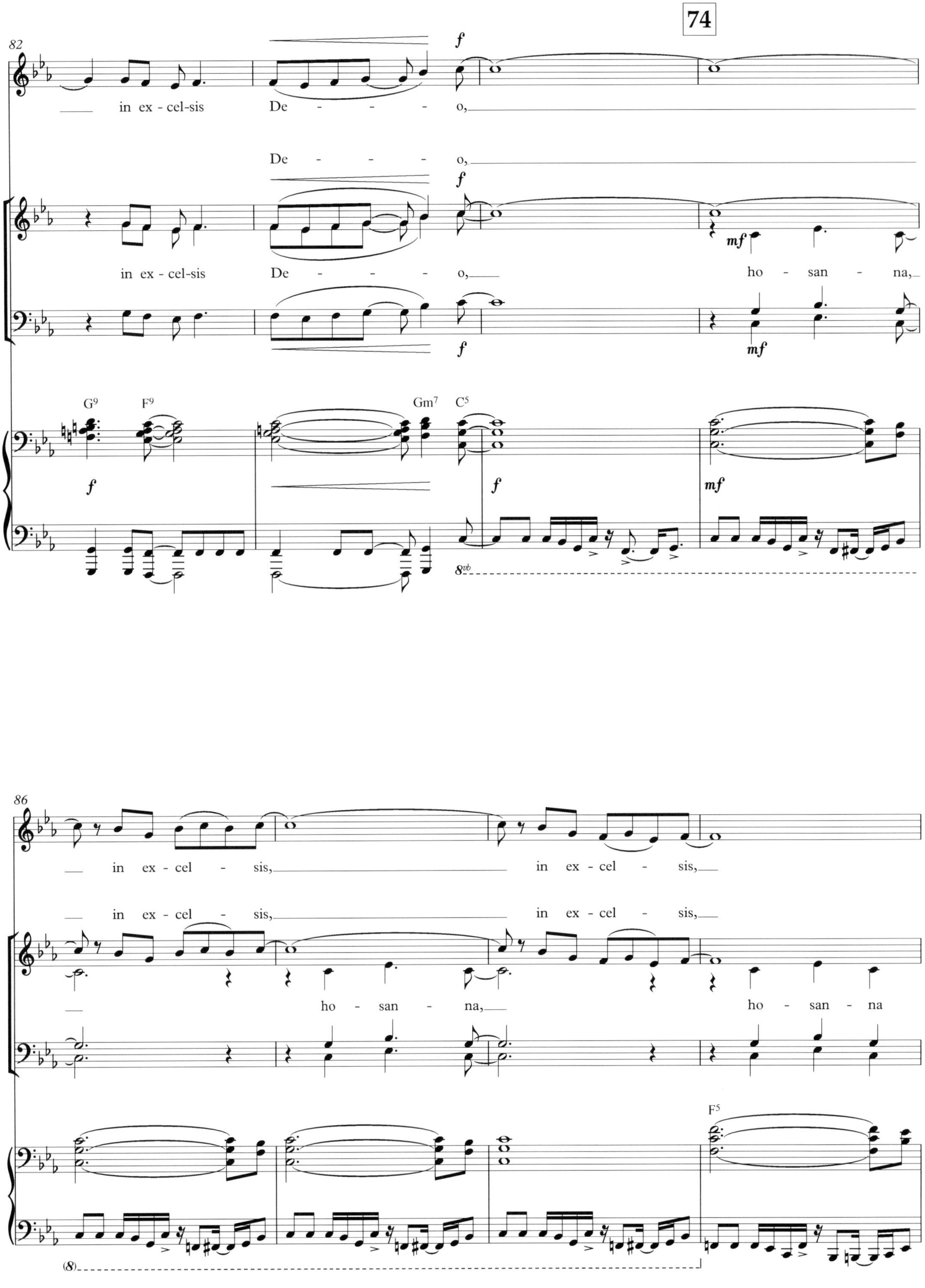

74

82

in ex-cel-sis De - - - - o,

De - - - - o,

f

in ex-cel-sis De - - - - o, ho - san - na,

f *mf*

G9 F9 Gm7 C5

f *f* *mf*

8vb

90
ho - san - na, De - - - o,
ho - san - na, De - - - o,
cresc.
in ex - cel - sis De - - - o,
in ex - cel-sis
f
C5
G9
F9
cresc.
8vb
94
75
ff
De - - - o.
ah
gliss.
Gm7
C5
G7♯9
B♭7♯9
D♭7♯9
E7♯9
A5

98
f
Ho - san - - na,
f
B♭5

102
76
f
ho - san - - na,
ho - san - - na,
ho - san - na,
ho - san - na,
B5
mf
8vb

106

mf

De - - -

— in ex - cel - sis, hosan - na,

hosanna in ex - cel - sis

De - - - o,

— De - - - o,

E5 B5

(8) 8vb

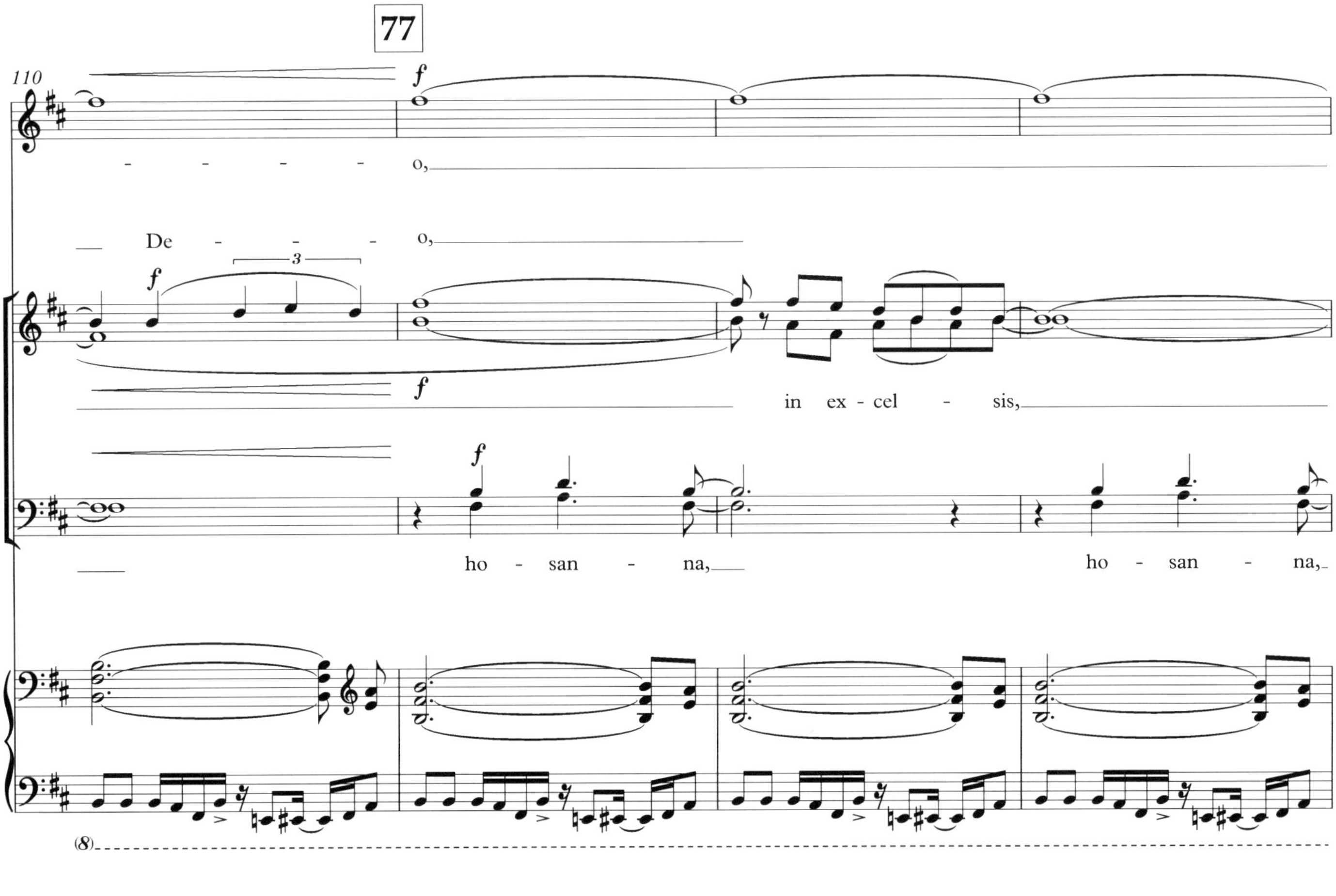

77

110 *f*

- - - - o,

— De - - - o,

f

f in ex - cel - sis,

f

— hosan - na, — hosan - na,

(8)

114

oh

ho - san - na,

in ex - cel - sis, ho - san - na, De - - - o,

hosanna in ex - cel - sis De - - - o,

E5 B5

(8) 8vb

118

De - - - - o, De - - - - o.

De - - - o,

in ex - cel - sis De - - - - o.

F♯9 E9 F♯m7 B♭7♯9 D♭7♯9 E7♯9 G7♯9

(8)

78

122

Hosanna, in excelsis,

mf

Hosanna, ho-

mf

Hosanna,

C5

p

mf

8vb

126

mf

Hosanna, hosanna,

in excelsis,

f

sanna, in excelsis, hosanna,

f

hosanna, hosanna,

mf

f

(8)

129

— ho - san - na

— in ex - cel - sis, in ex - cel - sis

— ho - san - na, in ex - cel - sis,

— ho - san - na

(8)

132 **79**

ff

— in ex - cel - sis De - - - - o.

ff *ff*

— in ex - cel - sis De - - - - o.

ff

in ex - cel - sis De - - - - o.

G9 F9 F5 E♭5 B♭ C

ff

8vb *sfff*

6. *Agnus Dei*

80
Free and soulful ♩ = 52
p molto espress.
con Ped.
4
81
rall.
Freely ♩ = 52
S. SOLO
mp espress.
A - gnus De - i,
qui tol - lis pec - ca - ta
Gb9
Eb/F
Bbm13
mf
p
delicate
12
mun - di,
mf
A - gnus De - i,
82
Ebadd2
F7#9
Cb13
Bbm13
mp

16
A - gnus De - i,
qui tol-lis pec - ca - ta
E♭m9
F7(♯9)
20
mun-di,
mi - se - re-re no - - bis,
mi - se -
B♭mΔ
D♭m9
A9
A♭7♭9sus
E♭m9
mf
a tempo
rall.
f
24
-re - re
no - - bis,
mi - se -
G♭9
F+7♭9
B♭Δ
B♭7
mp
f
8vb
83
colla voce
mf
28
-re - - - re
no - - - - - - -
8va
E♭m9
G♭9
E♭/F
mf
p
(8)

84
Faster ♩ = 72
S. SOLO
-bis.
A - gnus De - i, a -
S. A.
A - gnus De - i, a - gnus De - - -
T. B.
Faster ♩ = 72
B♭m13
E♭add 2
F♭6/G♭
E♭/F
85
- - - gnus De - - - - i.
S.
-i,
ah
ah
A.
-i,
a - gnus De - - - i, a -
T. B.
-i,
a - gnus De - i,
B♭m13

39
mf
A - gnus De-i,
a - gnus De - i,
ah
- gnus, a - gnus De-i, a - - - - -
a - gnus De - - - i,
ah
a - gnus De - - - i,
E♭add2
F♭6/G♭
E♭/F
B♭m13
mf
mp
43
86
a - gnus De - - i, a - gnus, a - gnus De-i,
ah
ah
ah
- - gnus De - - i, a - gnus, a - gnus De - i,
ah
a - gnus De - i,
a - gnus De - i, a - gnus De - - -
E♭add2
F♭6/G♭
E♭/F
mf

87
47
a - gnus De - i, a -
a - gnus De - i, ah A -
a - gnus, a - gnus De - i,
a - gnus De - i, a - gnus De - i, a -
-i, a - gnus, a - gnus De - i,
mf
B♭m13
C♭9
51
- gnus De - i, a - gnus
- gnus, ah a - gnus De - i,
ah a - gnus De - i, ah
- gnus, a - gnus De - i, ah
a - gnus De - i,
f
E♭add2
F♭6/G♭
E♭/F

88
55
De - i,
mf
a - gnus De - i, a - gnus, a - gnus De-i,
ah
a - gnus De - i,
a - gnus De - i, a - gnus De -
E♭add2
F♭6/G♭
E♭/F
59
S. SOLO
p
a - gnus De - i.
S. A.
qui
T. B.
-i,
B♭m13
E♭sus2
mp

64
89
p
mf
p
S.
A.
tol - lis pec-ca-ta mun - di, mi-se - re - re no - bis, qui
mf
T.
B.
p
mf
p
B♭m13
feel ad lib.
p
E♭m7
Fm7
mf
C♭△
B♭m
68
mf
f
tol - lis pec-ca-ta mun - di, mi-se-re - re, mi-se-re - re, mi-se -
mf
B♭m13
mp
E♭m7
Fm7
mf
C♭△
f
8va
72
90
S.
SOLO
ff
Mi-se -
S.
A.
ff
-re - re, mi - se - re - re, mi - se -
T.
B.
f
ff
B♭m13
(8)
ff
8va
8va

76
rall.
mf
-re - re.
A - gnus
f molto dim.
-re - re
no - - bis.
f molto dim.
B♭m
E♭add2
(8)
rall.
G♭9
E♭/F
molto dim.
91
Tempo I ♩ = 52
80
S. SOLO
De - i,
qui
tol - lis pec - ca - ta
B♭m13
mf
E♭m9
F7(♯9)
83
colla voce
mun - di,
do - na
no - bis
pa - cem,
do - na
B♭m△
D♭m9
A9
A♭7♭9sus
E♭m9
mf

87

92

rall.

S. SOLO

no - bis pa - - - - cem, ___ do -

S. A.

ppp

ah ___

T. B.

ppp

rall.

G♭9 F+7♭9 B♭Δ/F B♭7

p

8vb

91

- - na ___ no - bis pa - - - cem. ___

ah ___

ah ___

E♭m9 G♭9 E♭6/F A♭9 B♭add 2

8va

mp p pp

6 6

(8)

94
93
♩. = 66
mm
Cre - do, cre - do, cre -
mm
8va
15ma
♩. = 66
ppp
Bb5
pp
Eb7/Bb
mp
8vb
98
S. SOLO
pp
Cre - - - - - - - - do,
- - - - do, cre - - do, cre -
S. A.
Cre - do,
C7b9/F
F+7
p
Bb7/F
Bb5
(8)
101
cre - - do, cre - do.
- do, cre - - - - - do.
cre - - do, cre - do.
Eb7/Bb
C7b9/F
F+7
(8)

94
Presto 𝅗𝅥 = 152 (swing)
104
f
Cre - - do, cre - - do, cre - - - - - - - do,
cre - - - - - - do,
f
Cre - - do, cre - - do, cre - - - - - - -
Presto 𝅗𝅥 = 152 (swing)
B♭m13
f
gliss.
110
95
S. SOLO
cre - do, cre - do, cre - - - -
S. A.
- - - do, cre - do, cre - do, cre - - - -
f
T. B.
f
E♭7
115
- do, cre - - - - - - - do.
- do, cre - - - - - - - do.
B♭7

96
S.
A.
mor - - tu -
Et ex - spec - to resurrecti - o - nem
mor - - tu -
mor - - tu -
T.
B.
mor - - tu -
B13
97
S.
SOLO
p
ah
-o - rum, et vi - tam, et vi - tam
-o - - - - - rum, et vi - tam
ven - tu - -
-o - rum, et vi - tam, et vi - tam
-o - - - - - rum, et vi - tam
E7
-ri sae - - - - - - cu - li,
B7

98
♩. = 76
136
S. SOLO
A - - - - - - men.
S.
A - - - - - - men. Re-sur-rec-ti-o-nem
A.
A - - - - - men. Re-sur-rec - ti - o-nem mor-tu-
mor-tu-
T. B.
A - - - - - men. Re-sur-rec - ti - o-nem mor-tu-
♩. = 76
F♯7sus
B7
E7
ff
139
oh
mor- tu-o - - - - - - rum. Et vi- tam
-o - - - - - rum. Et vi - tam ven -
-o - - - - - rum. Et vi - tam
-o - - - - - rum. Et vi - tam ven -
C♯7♯9
F♯+7
B7
F♯7sus
B7

142
rall.
oh
A
ven - tu - ri,
A - men,
A
-tu - ri
sae - cu - li,
A - men,
A
ven - tu - ri,
A - men,
A
-tu - ri
sae - cu - li,
A - men,
A
E9
C♯9
F♯7sus
rall.
G7sus
gliss.
99
a tempo
145
- men,
cre - do,
oh
- men,
A - men,
A
- men,
A - men,
A - men,
- men,
A - men,
A - men,
-men,
A - men, A - men,
a tempo
C7
F7
D7♯9
G7

148
oh
oh
oh
men,
A
men,
A
men.
A
men,
A
men.
A
men,
A
men.
A
men,
A
men.
C7
G7sus
C7
F7
100
rall.
a tempo
151
S.
SOLO
S.
A.
ff
Cre
do,
cre
do,
cre
T.
B.
Cre
do,
G(ped)
rall.
a tempo
fp
f
ff

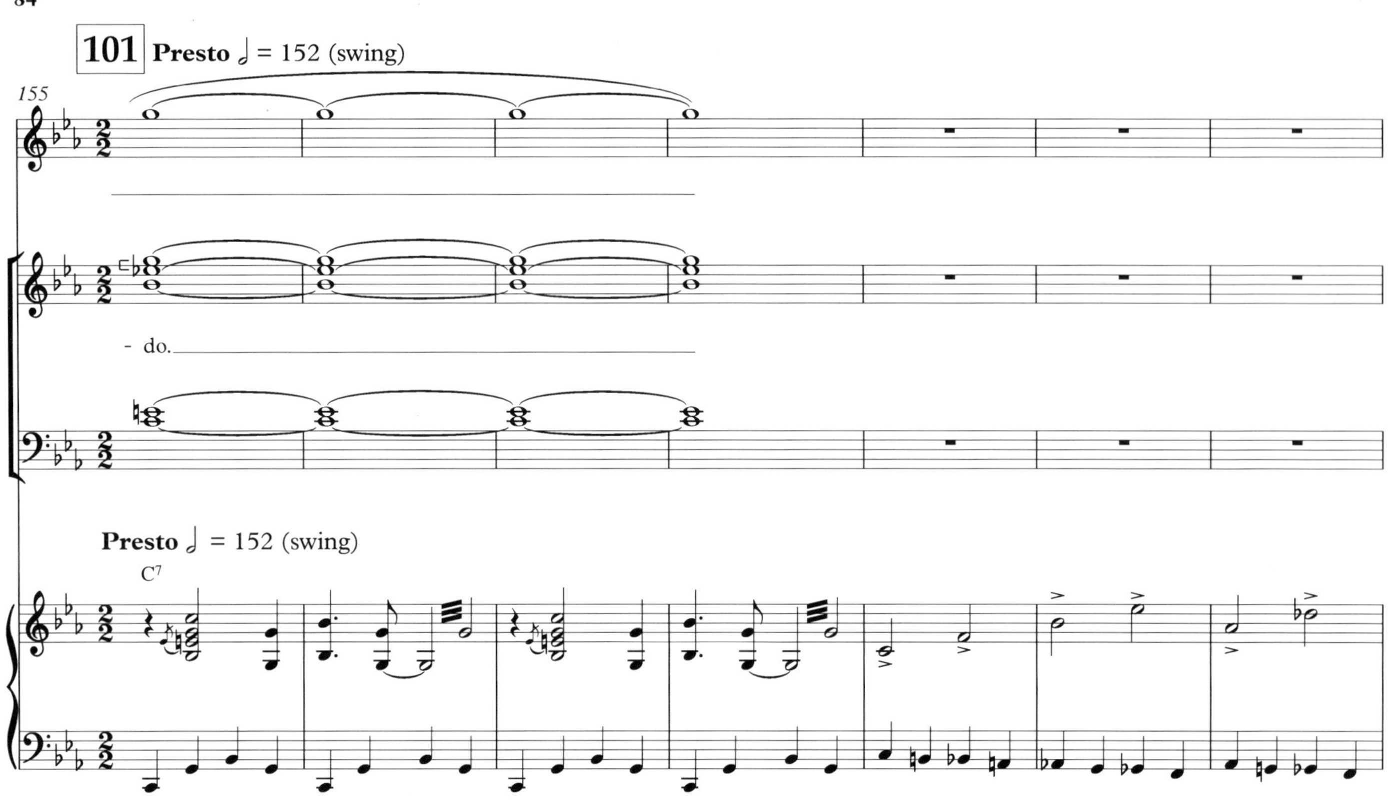

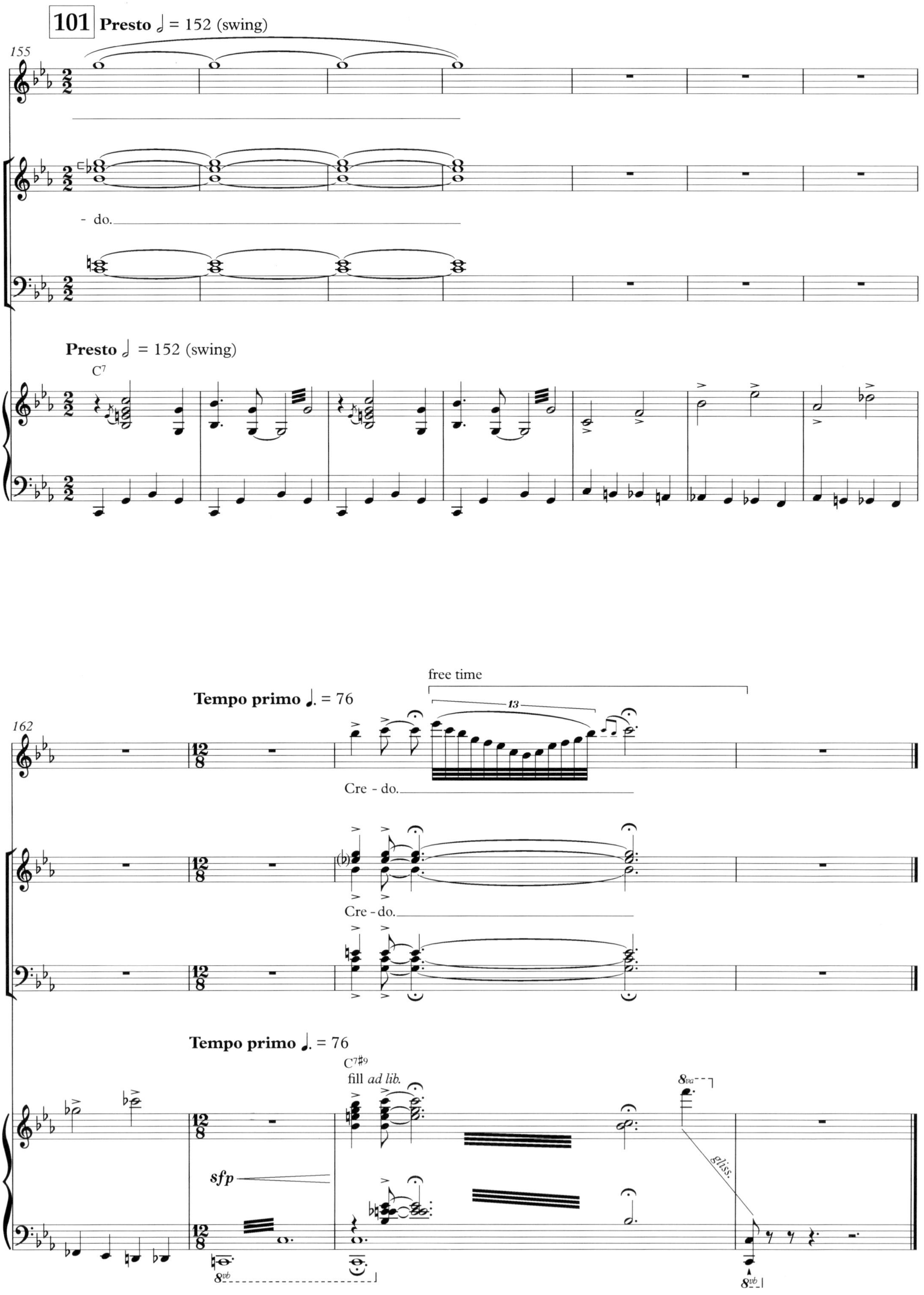

101
Presto 𝅗𝅥 = 152 (swing)
155
- do.
Presto 𝅗𝅥 = 152 (swing)
C7
162
Tempo primo 𝅘𝅥. = 76
free time
13
Cre - do.
Cre - do.
Tempo primo 𝅘𝅥. = 76
C7♯9
fill ad lib.
8va
gliss.
sfp
8vb
8vb